Festreden und Grußworte

Michael Adam

Festreden und Grußworte

für Vereine und Gemeinden

südwest

Inhalt

Anstelle einer Einleitung ... – ein Grußwort

Grußworte werden bei zahlreichen Anlässen gehalten. Vor allem bei Jubiläen und besonderen Ereignissen von Vereinen, Verbänden, wirtschaftlichen, religiösen, karitativen und gesellschaftlichen Organisationen, bei Einweihungen, Ausstellungen und zu vielerlei Gelegenheiten mehr sind Grußworte gefragt, erwünscht und angebracht.

Leider gibt es eine Vielzahl von Grußworten, die – vorsichtig ausgedrückt – wenig unterhalten, kaum informieren und keinesfalls amüsieren. Die gängige Praxis sind Grußworte, die Fakten herunterleiern und sich an Daten entlang hangeln. Ohne Pepp, ohne Mumm, ohne Witz, ohne Faszination. Reine Pflichtübung, lieblos abgeliefert.

Es geht auch anders. Es gab und gibt eine Reihe von Rednerinnen und Rednern, die Grußworte zu kleinen Kunstwerken werden lassen. Die in wenigen, aber wohl gesetzten Worten ein Feuerwerk abbrennen, das noch lange nachwirkt bei den Zuhörerinnen und Zuhörern.

Das genau ist die Kunst des guten Grußwortes. Ansprechend muss es sein. Es muss die Gäste einfangen, mitnehmen, begeistern und zum Schmunzeln oder zum Nachdenken bringen. Kurz und prägnant und durchaus auch kurz und gegebenenfalls nahezu beleidigend, aber alles mit Maß und Stil!

Aus Bausteinen lassen sich neue Grußworte zusammensetzen und kombinieren.

Das vorliegende Buch enthält eine umfangreiche Sammlung guter Grußworte. Für jede und jeden ist etwas dabei oder es kann aus verschiedenen Bauteilen im Handumdrehen ein tolles neues Grußwort erstellt werden. Die Sammlung umfasst die wichtigsten Grußworte-Gelegenheiten im täglichen gesellschaftlichen Leben. Und es enthält einige kleine

Ein gutes Zitat ist ein Diamant am Finger eines geistreichen Menschen und ein Pflasterstein in der Hand eines Narren.
Joseph Roux

heitere Raritäten und Aperçus, die der Liebhaberin und dem Kenner das eine oder andere Schmunzeln entlocken werden.

Hilfreich ist ohne Zweifel auch die jedem Kapitel beigestellte Sammlung von Zitaten zum jeweiligen Thema. Damit wird ein Grußwort trefflich garniert oder gekonnt eingeleitet. In jedem Falle aber bereichert. Und manchmal hilft ein deftiges Zitat an der rechten Stelle zu einem herzhaften Lacher bei der Zuhörerschar.

Und Sie wissen ja: Wer die Lacher auf seiner Seite hat ...

Auf ein Grußwort

Ein Grußwort zu halten zu einem Vereinsjubiläum oder einem Verbandsfest – das klingt recht einfach. Ist es aber nicht. Ein Grußwort soll ja nicht langweilen. Und es soll nicht nur aus lieblosen Wiederholungen der Festschrift bestehen.

Ein gutes Grußwort muss die Zuhörer einfangen. Es muss ansprechen und mitreißen. Dazu muss es zunächst gut überdacht und wohl vorbereitet sein. Mit ein bisschen Übung und einigen guten Zitaten gelingt Ihnen das rasch.

Kurze Einleitung zum Thema

Das kennt der Sprachforscher zur Genüge: Zwei eigenständige Hauptwörter bilden – zusammengesetzt – ein völlig neues Hauptwort. Ein Beispiel? Setzen Sie doch einmal die Begriffe »Gruß« und »Wort« zusammen und es entsteht? – richtig, ein »Grußwort«. So einfach ist das!

Schön wäre es ja, wenn es denn tatsächlich so einfach wäre! Ein richtiges, ein gutes, ein hörenswertes und lesbares Grußwort ist alles andere als einfach. Es ist ein Kunstwerk! Doch dazu etwas später mehr. Zunächst sollen Sie, die Sie demnächst gute, nein, bessere Grußworte schreiben und vortragen wollen, noch einige Dinge wissen.

Das Wort »grüßen« leitet sich zum einen vom westgermanischen »grotjan« her, was »zum Reden bringen« heißt. Dieser Ursprung beinhaltet die altdeutsche Sitte, dass dem Ankömmling erst nach der Anrede durch den Hausherren zu reden erlaubt war.

Das Glück klopft an,
bevor es eintritt,
aber es geht ohne Gruß.
Aus Dänemark

Zum anderen leitet sich das Wort »grüßen« ab vom althochdeutschen »gruozen«, was neben »anreden« auch »an jemanden herantreten« bedeutet. Hier spiegelt sich noch die germanische Kriegersitte wider, auf Speerwurf-Distanz Namen, Herkunft und Absicht von Fremden zu erfragen. Erst mit dem mittelhochdeutschen »grüezen« hat sich langsam die heutige Bedeutung des »freundlichen Ansprechens« herausgebildet.

Und damit sind wir wieder beim Grußwort. Es ist also ein Wort des freundlichen Ansprechens: nicht langweilig, nicht nichtssagend, schon gar nicht inhaltsleer oder floskelhaft, sondern freundlich und ansprechend. Freundlich – das sind ja in der Regel diejenigen Grußworte, die wir alle kennen. Denn kennen wir nämlich eines, dann kennen wir alle. Sie sind beliebig austauschbar, leerhülsig, fad. Und es ist vollkommen unwichtig, ob es um eine

Karnickelschau oder einen Ballettabend geht, ob um eine Einradmeisterschaft oder um die Schacholympiade auf Gemeindeebene, die Grußworte sind eines wie das andere in der Regel langweilig und einschläfernd.

Kein Wunder, dass das Dekolletee der Bedienung oder die Bundesligaergebnisse mehr Aufmerksamkeit erhalten als die Worte dessen, der gerade vorne am Mikrophon steht. Denn viele dieser qualvollen Grußworte sind entstanden frei nach Wilhelm Buschs alter Weisheit:

»Oft fällt das Denken schwer, indes,
beim Grußwort geht's auch ohne es!«

Schmunzeln Sie ruhig! Machen Sie es besser? Woher kommt es denn, dass kein Mensch zuhört – außer den Offiziellen vorne, und die müssen – wenn im Festzelt Grußworte gehalten werden? Man merkt es immer dann, wenn die Lautstärke im Saal den Redner übertönt! Oder woher kommt es, dass kaum jemand die Grußworte in der Festschrift liest? Und warum wohl fällt ein einziges kurzes Grußwort auf, das originell ist, das Witz und Pepp hat, dass etwas aussagt und die Hörer und Leser »freundlich anredet«? Warum wohl?

Die Antwort ist recht einfach: Gute Grußworte sind Raritäten. Ein Grußwort, das den Anspruch erfüllt, »gut« zu sein, ist in jedem Falle ein Kunstwerk. Entweder intellektuell, oder sprachlich. Am besten aber beides! Und dies können Sie auch erreichen, wenn Sie die fünf »goldenen Regeln« für ein gutes Grußwort beherzigen.

Die Rede ist die Kunst, Glauben zu erwecken.
Aristoteles

Die fünf »goldenen Regeln« für ein gutes Grußwort

❶ Für ein gutes Grußwort benötigen Sie Zeit! Es muss reifen. Für Ihr Grußwort stehen Sie selber gerade. Kein anderer als Sie selber hat damit Erfolg und begeistert den Saal. Oder blamiert sich damit und erzeugt Gähnen oder Langeweile.

❷ Ein gutes Grußwort braucht eine gute Idee! Lassen Sie diese in Ruhe reifen. Dann fällt Ihnen das richtige Stichwort schon ein, mit dem Sie Ihr Grußwort einleiten. Und geben Sie Ihren Gedanken etwas »Nahrung«. Lesen Sie einige Informationen zum Thema, um das es geht.

❸ Ein gutes Grußwort beginnt anders! Jedenfalls anders als diejenigen, die Sie bislang gehört, gelesen oder geschrieben und gehalten haben. Der erste Satz ist entscheidend – und der muss sitzen. Anderenfalls sind die Bundesligaergebnisse für den Saal wichtiger.

❹ Von Ihnen wird etwas erwartet! Spätestens ab dem zweiten guten Grußwort sind die Leser und Hörer gespannt, wie Sie sich dem neuen Thema, dem neuen Ereignis nähern. Sie werden an Ihrem ersten guten Grußwort gemessen.

❺ Verkaufen Sie sich nicht unter Wert! Bringen Sie das, was Sie sagen wollen, auch »rüber«. Mit Gestik, Mimik, Pausen, leiser und lauter Stimme, einem Lachen, der Einbindung des Saals. Mut zur Bewegung, eine Rede ist etwas Lebendiges!

Wenn Sie dies beherzigen, dann kennen Sie die »Geheimrezeptur« für gute Grußworte.

Im Gegensatz zu Ihren bisherigen Grußworten lebt das »Neue« vom ersten Satz. Dazu blicken wir einen Moment zurück. Wie war es denn bisher? Sie haben »sich gefreut« über das große Ereignis, haben »gratuliert«, ferner »gelobt« und abschließend »viel Erfolg« gewünscht. Das machen alle Redner so. Und kaum ein Gast hört zu.

Der erste Satz ist der wichtigste! Mit einem originellen ersten Satz machen Sie die Zuhörer neugierig und schärfen die Aufmerksamkeit. Mit dem ersten Satz gewinnen Sie – oder Sie haben verloren!

Und doch ist in diesem vermeintlich schlechten Fahrplan viel Wahrheit und Gutes beinhaltet. Sie können und Sie sollen all das tun: sich freuen, gratulieren, loben, viel Erfolg und Spaß wünschen. Das wird sogar erwartet vom gastgebenden Verein und den Gästen und es gehört sich auch. Nur tun Sie dies nicht als Hauptinhalt, als einzige Botschaft, sondern machen Sie dies zusammengefasst am Schluss. Da passt es hin und gibt Gelegenheit zu einem gekonnten Redeausstieg.

Und damit kommen wir zurück zum ersten Satz. Der ist der Wichtigste! Mit diesem rütteln Sie Ihre Hörerschaft und Leserschar auf. Provokant soll er sein, oder witzig, vielleicht sogar frech – nur ein Kriterium muss er in jedem Falle erfüllen: Er muss anders sein als alles, was Sie bislang geschrieben oder gesagt haben.

Ein Beispiel soll es verdeutlichen. Nehmen wir ein Feuerwehrjubiläum. Dazu ist es wichtig zu wissen, dass Brandschutz eine Pflichtaufgabe des Gemeinwesens ist, die über Berufs- oder freiwillige Feuerwehren sichergestellt wird. Ferner ist es darüber hinaus auch gut zu wissen, wie viele Männer und Frauen in der Wehr aktiv sind und wann das letzte große Ereignis stattgefunden hat. Das können Sie per Telefon oder Internet schnell herausfinden. Und dann geht es los:

Feuerwehrleute dürfen nicht auf dem Schlauch stehen!

Der gekonnte Einstieg mit einem guten ersten Satz macht die Überleitung einfach.

Das ist ein toller Einleitungssatz, da er doppeldeutig ist. Eine optimale Lösung des Einstiegsproblems. Im nächsten Satz leiten Sie dann schon dazu über, was Sie als Botschaft sagen wollen. Folglich sagen Sie: »Im Gegenteil!«

Und schon sind Sie dort, wo Sie hinwollen. Bei den Leistungen der Wehr, bei dem harten Einsatz der Männer und Frauen vor Ort, die im Team zur Sache gehen, wenn es gilt. Und dann führen Sie kurz und knapp aus, wann es gegolten hat, was anlag und was bewältigt werden musste. Einstieg und Überleitung haben Sie auf diese Weise perfekt gelöst. Jetzt können Sie Dank sagen, loben, Glück und Erfolg wünschen – und die Leser und Hörer sind immer noch bei Ihnen. Und um genau die ging es Ihnen doch, oder? Das ist hier keine trockene Theorie. Dieses Buch ist reine Praxis! Das nachstehende Grußwort ist nach exaktem Fahrplan für eine Broschüre zum 100. Feuerwehrjubiläum erstellt. Lesen – und beurteilen – Sie selber:

Feuerwehrleute dürfen nicht auf dem Schlauch stehen! Im Gegenteil! Schnelligkeit ist gefragt bei der Lösung schwieriger Probleme. Ein Tanklaster droht auszulaufen; ein Heuschober steht kurz davor, in Flammen aufzugehen; eine Schwerverwundete muss schnellstens aus ihrem Autowrack herausgeschnitten werden; ein Verzweifelter droht mit einem Sprung in die Tiefe – die Gelegenheiten, zu denen die Feuerwehr ausrückt, um zu retten, zu löschen, zu bergen und zu schützen, sind so vielfältig wie das Leben schlechthin. 45 Männer und Frauen sind es, die in unserer Wehr rund um die Uhr für uns da sind. Sie halten Wacht, damit wir alle ruhig schlafen können, hier in … Und wir tun es auch! Obgleich wir wissen, dass die Gefahren, die auf uns lauern, vielfältig sind. Eine glimmende Zigarettenkippe genügt, eine angebohrte Elektroleitung kann ausreichen, ein geplatzter Wasserschlauch ist genug, um ein Unglück oder eine Katastrophe heraufzubeschwören. Dann rettet die Feuerwehr, was zu retten ist!

Ungezählten Menschen hat die Wehr in den 100 Jahren seit ihrer Gründung geholfen. Millionenschäden hat sie verhindert. Viele hundert Mal hat sie

Gefahren abgewendet. Dafür gilt es Dank zu sagen. Ich tue dies heute. Dienst in der Feuerwehr ist Dienst am Nächsten! Es ist ein Engagement gegen den Ego-Trip vieler in diesen Tagen und kann gar nicht hoch genug gewürdigt werden. Die heutige Feier ist ein würdevoller Rahmen für diesen Dank an die Feuerwehrmänner und Feuerwehrfrauen: Wir sind stolz auf unsere Wehr!

Das lesen die Leute. Oder sie hören zu. Bis zum letzen Satz. Mit einem pointierten Einstieg haben Sie Ihre Zielgruppe aufmerksam gemacht, mit einer lebendigen Überleitung das Interesse wach gehalten und mit der direkten Ansprache den Dank am Schluss verbunden.

Wie sieht es denn in der Praxis aus? Wenn Sie nicht Schirmherr sind, haben Sie einige Redner vor sich. Alle sagen im Prinzip das Gleiche. Da hört niemand mehr hin. Oder in der Festschrift stehen zehn Grußworte vor Ihrem – und das wird dann flüchtig überblättert. Das wollen Sie doch nicht! Sie haben eine Botschaft zu übermitteln! Sie haben etwas zu sagen. Das schaffen Sie! Im Zweifel nehmen Sie ein gutes Zitat.

Oder Sie zitieren aus einem populären Song. Fast alle kennen Reinhard Meys Song »Über den Wolken«. Nutzen Sie diese Kenntnis Ihrer Leser und Hörer. Ihr Grußwort beim »Fliegerclub« oder beim Segelfliegerverein oder auch bei den Ballonfahrern startet also wie folgt:

»Über den Wolken muss die Freiheit wohl grenzenlos sein« – ein bekannter Song von Reinhard Mey. Er hat Recht: Über den Wolken verschwimmen die Grenzen, wird Freiheit erlebbar. Die Probleme beginnen und enden auf dem Boden ...

Jetzt sind Sie genau da, wo Sie stehen, im Kreise der Flieger. Deren ungeteilte Aufmerksamkeit ist Ihnen dadurch sicher, dass sie nicht wissen, wie Sie als Redner oder Schreiber »von so hoch oben« herunterkommen werden in die Niederungen der Probleme, Sorgen und Fragen vor Ort. Doch das haben Sie mit dem dritten Satz geschafft: »Die Probleme beginnen und enden auf dem Boden.«

Die Aufmerksamkeit ist das Gedächtnis des Herzens.
Aus Frankreich

Mit ein wenig Übung – und mit einer Portion Mut – wird Ihnen dieser Stil alsbald in Fleisch und Blut übergehen. Und Sie werden sehr schnell merken, dass die Leute Ihre Grußworte zu schätzen wissen, weil diese interessant sind und Aufmerksamkeit erregen. Sie – niemand sonst – setzen den Farbtupfer im Kommersgrau der sich hinquälenden Festzeltversammlung!

Sie merken schon, im Wesentlichen dreht sich bei einem guten, einem besseren Grußwort das meiste um den ersten Satz. Wenn der sitzt, haben Sie gewonnen. Folglich müssen Sie sich besonders auf diesen ersten Satz konzentrieren. Eine kleine Hilfe leisten die am Ende eines jeden Kapitels zusammengetragenen Zitate, Redensarten, Volksweisheiten und Sprachkombinationen.

An dieser Stelle noch ein wichtiger Tipp: Sammeln Sie Zitate, Aphorismen, Sprüche, Werbeslogans, Bonmots oder fragen Sie Ihre Kinder nach den Charts, den Titeln der »Top-Ten« der Musik. Und blättern Sie im Internet, welcher Film gerade angesagt ist, welches Buch die Bestsellerliste anführt, welche Schlagzeilen die Medien beherrschen. Damit lässt sich ein gutes Grußwort erstellen: »Wir müssen uns bewegen, sonst bewegt sich nichts« von der Gruppe »Söhne Mannheims« ist doch perfekt für einen Grußworte-Einstieg!

Die meisten Gäste im Festzelt oder im Bürgerhaus werden Ihnen sehr dankbar sein, wenn das Ende Ihres Grußwortes nicht zu weit weg vom Anfang ist. Denn noch grausamer als nichtssagende Grußworte sind solche, in denen ein Redner oder eine Rednerin dieses Nichts auch noch in die Länge zieht und so die Gäste langweilt. Mit einem solchen Redner als Auftakt ist der Festabend eigentlich schon fast verdorben.

Achten Sie darauf: In der Kürze liegt die Würze!

Feuerwehr & Rettungswesen

Die Feuerwehr ist eine unglaublich große und aktive Bürgerbewegung, die straff organisiert ist in Einsatzabteilungen und Feuerwehrvereinen sowie Jugendfeuerwehren. 24700 freiwillige, 900 Werk- und Betriebs- und 100 Berufsfeuerwehren mit zusammen 1,3 Millionen Mitgliedern gibt es in Deutschland.

Sie alle haben eine Geschichte, viele sogar eine lange Tradition. Häufig sind sie in Dörfern die größten Vereine und daher sind ihre Jubiläen und Feste immer auch besondere Höhepunkte, die es gebührend zu feiern und vor allem angemessen zu würdigen gilt.

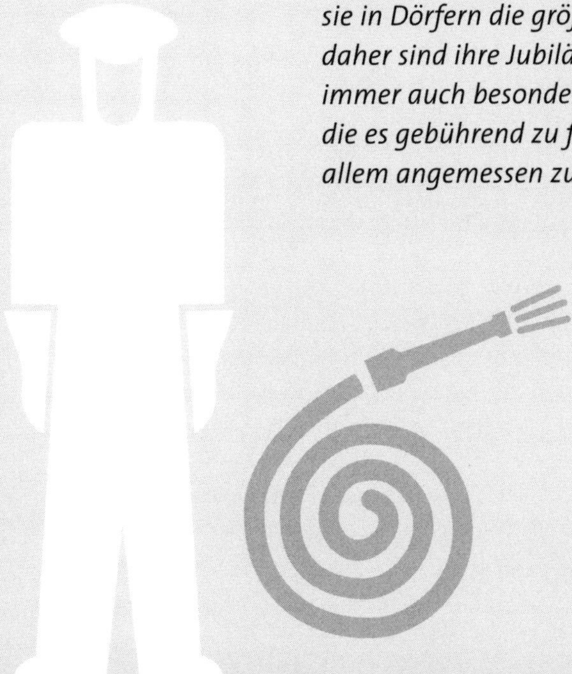

Zum 75. Feuerwehrjubiläum

Liebe Feuerwehrkameradinnen und –kameraden,
verehrte Gäste,

Feuerwehrleute dürfen nicht auf dem Schlauch stehen! Im Gegenteil! Geschwindigkeit ist gefragt, wenn es darum geht, zu retten, zu löschen, zu bergen und zu schützen. Da muss jeder Handgriff sitzen, da muss die Einsatzabteilung als eingespieltes Team zur Sache gehen, sonst ist alles zu spät.

Hier in Mecklar steht niemand auf dem Schlauch. Schon gar nicht bei der Feuerwehr. Seit 75 Jahren gibt es die Wehr im Dorf und sie feiert heute ein großartiges Jubiläum, zu dem ich Sie alle als Landrat namens der Gremien des Landkreises Hersfeld-Rotenburg ganz herzlich beglückwünsche. Und ich schließe meine persönlichen besten Wünsche an für eine besonders schlagkräftige und gesellige Feuerwehrtruppe.

Hohe Gäste haben sich heute angesagt, nicht jeden Tag können wir eine leibhaftige Staatssekretärin in den Reihen der Freiwilligen Feuerwehr begrüßen, doch wenn es denn mal der Fall ist, heißen wir Sie, liebe Frau Scheibelhuber, umso herzlicher willkommen. Und es sind ja gute Gründe, die Sie nach Mecklar geführt haben, die für sicherlich freudige Gesichter sorgen.

Meine sehr geehrten Damen und Herren, wie wichtig es ist, bei einem Einsatz Geschwindigkeit zu zeigen, haben die Feuerwehrleute von Mecklar ja schon öfter bewiesen. Wenn es ausreicht, ein Feuer in der ersten Minute noch mit einem Glas Wasser und in der zweiten Minute mit einem Eimer Wasser zu löschen, dann braucht es schon ab der dritten Minute ein ganzes Fass.
So schnell ist Feuer – und so schnell muss auch die Wehr sein, wenn sie zum Einsatz kommt. Unsere Wehren im Landkreis haben einen guten und hohen Ausbildungsstand. Die Alarmierungs- und Einsatzzeiten sind vorbildlich und ich sage Ihnen allen, den Feuerwehrmännern und –frauen aus Mecklar, aus der Großgemeinde Ludwigsau und dem ganzen Landkreis Hersfeld-Rotenburg herzlichen Dank dafür.

Ob es allerdings notwendig ist, die Vorschriften für Ausbildung- und Weiterbildungslehrgänge so zu verschärfen, dass es immer schwerer wird, Wehrführer mit allen Examen zu finden, muss einmal kritisch hinterfragt werden. Hoffentlich wird hier nicht St. Florian durch St. Bürokratius abgelöst.

Ihnen allen, verehrte Gäste der Wehr in Mecklar, und Ihnen allen, den Feuerwehrmitgliedern, wünsche ich ein fröhliches Jubiläumsfest mit guter Unterhaltung und spannenden Wettkämpfen.

Alles Gute für das Jubiläum und alles Gute für die Geburtstagsfeier der Freiwilligen Feuerwehr Mecklar.

Heiliger St. Florian, verschon mein Haus, zünd and're an.

Die Legende sagt, dass Florian römischer Offizier und Staatsbeamter in der heutigen Region Niederösterreich gewesen ist. Und weil er Christ wurde, ließ ihn Aquilinus, der damalige Statthalter von Lauriacum (heute Lorch), im Jahre 304 grausam foltern und in der Enns ertränken. Heute ist Florian Schutzpatron der Feuerwehr.

125 Jahre Feuerwehr

Verehrte Festgäste,
liebe Feuerwehrkameraden und –kameradinnen,

es ist Samstagabend, es läuft ein spannendes Fußballländerspiel zwischen Deutschland und Brasilien und die Sirene heult, weil es brennt. Oder es ist tief in der Nacht, gegen drei Uhr, und der Funkmeldeempfänger piept und in einem Ortsteil ist der Einsatz der Freiwilligen Feuerwehr notwendig.

Damit leben unsere Männer und Frauen von der Freiwilligen Feuerwehr Eppelborn. So, wie ihre Kameradinnen und Kameraden in allen übrigen Feuerwehren des Saarlandes und der Bundesrepublik. Ungeachtet jeder Situation wird von unseren aktiven Kameradinnen und Kameraden der Freiwilligen Feuerwehr höchste Einsatzbereitschaft gefordert und auch erbracht. Sie leisten ihre Einsätze und darüber hinaus noch weit mehr an Übungen, technischer Fort- und Weiterbildung und Engagement im ehrenamtlichen

Ein Mensch weiß aus Erfahrung: Lob, darf kurz und bündig sein, gar grob.
Eugen Roth

Dienst für uns alle. Ohne sie wäre ein schneller, wirksamer Schutz der Bürgerinnen und Bürger vor Ort undenkbar und nur durch sie kann dieser gewährleistet werden. Die Bereitschaft dazu kann nicht hoch genug eingeschätzt werden. Daher gilt ihnen allen unser herzlicher Dank.

Für die Gemeinde Eppelborn und für mich als ihr Bürgermeister ist es besondere Verpflichtung, unseren Feuerwehren die bestmöglichste Unterstützung zukommen zu lassen: Für unseren Schutz und die Sicherheit derjenigen, die diesen Schutz für uns garantieren. Die Kameradinnen und Kameraden der Freiwilligen Feuerwehr Eppelborn feiern in diesen Tagen das 125-jährige Bestehen ihrer Wehr und wir alle sind froh und dankbar, dass es die Feuerwehrtruppe gibt.

Ich gratuliere ganz herzlich und möchte Dank sagen an alle Mitglieder der Feuerwehr in Eppelborn, die in der Vergangenheit und bis heute den hohen Ansprüchen genügt haben und einmal mehr weiter genügen.

Dank an alle Verantwortlichen, die Führungsaufgaben übernehmen, und den Aktiven, die unter besonderen Anforderungen stehen. Dank aber auch an die Mitglieder der Jugendfeuerwehr, ohne die ein Fortbestehen der Wehren nicht denkbar ist. Und nicht zu vergessen die Senioren, die so wertvoll durch ihre Erfahrung und die Förderung des Gemeinschaftsgeistes sind, und die Mitglieder des Feuerwehrvereins, die unserer Wehr materiellen und ideellen Rückhalt geben.

Ihnen allen, der Freiwilligen Feuerwehr Eppelborn, wünsche ich weiterhin einen glücklichen und erfolgreichen Weg in die Zukunft und allen Aktiven, dass sie immer gesund von ihren Einsätzen zurückkehren. Möge die Arbeit und der Geist der Freiwilligen Feuerwehr Eppelborn weiter getragen werden vom Zusammenspiel aus Idealismus, Einsatzwillen, Ausbildung, Hilfsbereitschaft und Kameradschaft zum Wohle der Bürgerinnen und Bürger Eppelborns.

Einweihung eines Feuerwehrhauses

Herr Ortsvorsteher,
verehrte Gäste,

ein Dorf macht sich schön! – Bothel macht sich schön. Seit 1998 läuft die Dorferneuerung hier im Ort und ich muss sagen, ich bin beeindruckt von dem, was hier geleistet wurde. Weit über eine Million Euro sind in die öffentlichen und 26 privaten Maßnahmen geflossen; insgesamt wurden mehr als 700 000 Euro an Zuschüssen gegeben und dieses Geld war wirklich gut angelegt! Als Landrat überbringe ich Ihnen dazu die herzlichen Grüße des Landkreises Rotenburg, schließe meine persönlichen besten Wünsche an.

Ich komme ja nun durch zahlreiche Städte und Gemeinden des Landkreises und sehe sehr viele Dörfer. Es lässt sich schon sehr genau erkennen, in welchem Ort Mittel der Dorferneuerung eingesetzt wurden und wie engagiert die Bürgerinnen und Bürger mitgemacht haben, um ihr Dorf – ich sage es mal etwas provokant – auf Vordermann zu bringen. Und im Vergleich mit anderen Gemeinden und Dörfern kann ich sehr genau sagen: Sie, die Botheler Bürgerinnen und Bürger haben eine tolle Leistung vollbracht und ihr Dorf liebens- und lebenswert gestaltet.

Verehrte Gäste, Dorferneuerung, die Sanierung und Gestaltung der gewachsenen Kerne, ist eine überlebenswichtige Aufgabe. Die demographische Entwicklung wird uns in den kommenden Jahrzehnten ungeahnte Probleme bereiten. Wir haben immer weniger Kinder und immer mehr ältere Menschen. Das bleibt nicht ohne Auswirkungen auf unsere Städte und Gemeinden. Wir brauchen nicht mehr oder kaum noch Baugebiete auf der grünen Wiese, wir brauchen Bauinvestitionen mitten im Dorf. Wenn nämlich erst einmal Häuser leer stehen und nicht mehr bewohnt werden, verfallen sie leicht. Daher müssen wir uns darauf konzentrieren, die Dorfmitten zu stärken. Zurück ins Dorf muss die Devise lauten!

Anforderungen moderner Technik und finanziell Machbares darstellen. Freiwilliges Engagement und selbstlosen Einsatz würdigen.

Leute, die sich die Finger verbrennen, verstehen nichts vom Spiel mit dem Feuer.
Oscar Wilde

Hier in Bothel, wo es ja gottseidank noch eine wachsende Bevölkerungsentwicklung gibt, haben Sie es großartig geschafft, das Gemeinwesen zu stärken und die dörflichen Strukturen zu festigen. Heute feiern wir die Einweihung Ihres neuen Feuerwehrgerätehauses, das nur deshalb hier entstehen konnte, weil Sie ein neues Dorfgemeinschaftshaus haben, zu dem ich Sie ebenfalls ganz herzlich beglückwünsche. Und weil es hier im Dorf einige engagierte Menschen gibt, die pfiffige Ideen haben und diese auch umsetzen, gibt es zusätzlich das »Cafe am Radweg«, das inzwischen Geheimtipp bei den Radlerinnen und Radlern in der Samtgemeinde und der Region geworden ist.

Viele haben mitgeholfen, das Dorf herauszuputzen und vor allen Dingen haben viele freiwillig und unentgeltlich Hand angelegt beim Umbau des alten Dorfgemeinschaftshauses zum neuen Feuerwehrhaus, das wir heute einweihen. Auch dabei war die Dorferneuerung beteiligt und schoss 131 000 Euro hinzu. Und heute nun bringe ich Ihnen einen weiteren Bescheid mit, der für die Neugestaltung der Freifläche hier nebenan verwendet werden soll. Der Bescheid lautet über 27 065 Euro und wird hoffentlich einen wertvollen Beitrag leisten, wenn der Platz neu begrünt und die Treppenanlage neu gestaltet wird und wenn zwei neue große Bäume dem Ganzen eine Abrundung geben.

Ich wünsche der Bürgerschaft von Bothel alles Gute und hoffe, dass Sie alle mit Ihrem neuen, schmucken Dorf eine gute und glückliche Zukunft haben.

Kreisjugendfeuerwehrtag

Leicht wird ein kleines Feuer ausgetreten, das, erst geduldet, Flüsse nicht mehr löschen können.
William Shakespeare

Liebe Mitglieder der Jugendfeuerwehren,
verehrte Gäste des Kreisjugendfeuerwehrtages,

zwischen Disco und Laptop, zwischen Schule und Liebe, zwischen Lehre und Arbeit – ist da überhaupt noch Platz für ein Engagement in der Feuerwehr?

Ja, es ist Platz. Denn Feuerwehr ist mehr als nur eine Clique. Feuerwehr ist eine Gemeinschaft. Feuerwehr ist eine Kameradschaft mit festem Auftrag, mit Herz und Seele. Feuerwehr ist Berufung. Und Jugendfeuerwehr ist eine Möglichkeit und Gelegenheit, sich im Kreise Gleichaltriger und Gleichgesinnter zu treffen und Sinnvolles zusammen zu unternehmen.

Wir haben im Landkreis eine starke junge Truppe von nachwachsenden Feuerwehrmännern und Feuerwehrfrauen. 1274 junge Leute sind in 82 Jugendfeuerwehren organisiert. Eine große Organisation, die lebendig ist und aktiv. Und sehr oft erfolgreich, wie die Wettkampfergebnisse der Jugendmannschaften bis auf Landesebene immer wieder zeigen.

Hier werden Freundschaften fürs Leben geschlossen. Hier lernt man sich kennen – und in dem einen oder anderen Falle sogar lieben. Hier bestimmen Kameradschaft und Miteinander das Zusammengehörigkeitsgefühl. In der Feuerwehr, ganz gleich ob Einsatztruppe, Nachwuchsgruppe oder Verein – in der Feuerwehr gilt das Musketier-Motto: »Einer für alle – alle für einen«!

Es ist ein gutes Gefühl, zu sehen und zu wissen, dass derart viele junge Menschen sich in den Jugendfeuerwehren des Landkreises engagieren. Nicht nur, weil der Nachwuchs für die Einsatzgruppen gesichert wird, sondern vielmehr, weil so viele junge Leute an Verantwortung und Pflichtbewusstsein, an Einsatzbereitschaft und Gemeinschaft herangeführt werden.

Den Einsatz für die Gemeinschaft und das Gemeinwohl würdigend herausstellen und das Zusammenwirken von Kommune und Feuerwehr kurz ansprechen.

Keine Kommune schafft die Feuerwehr ab, weil es ein paar Tage nicht gebrannt hat.
Eckart Werthebach

Ich verzichte an dieser Stelle darauf, all das aufzuzählen, was der Landkreis insbesondere finanziell für die Feuerwehren tut. Das wissen Sie alle sehr genau und vermutlich viel detaillierter als ich. Ein Gutteil dieses Engagements ist ja auch Pflichtaufgabe. Ich möchte vielmehr denjenigen Dank sagen, die sich für die Organisation einbringen und einsetzen. Denn auch hier gilt: Von nichts kommt nichts.

Auch die Jugendfeuerwehr braucht Freiwillige, die bereit sind, sich ehrenamtlich für den Verband zu engagieren, auf Tagungen und Treffen zu fahren, sich weiterzubilden und dafür zu sorgen, dass der Laden läuft.

Und ich sage natürlich auch denen Dank, die aus der Riege der Älteren und Erfahrenen sich um die Jüngeren kümmern und für sie bereitstehen mit Rat und Tat. Ihnen allen herzlichen Dank und weiterhin eine gute und erfolgreiche Zeit.

Seniorennachmittag des Kreisfeuerwehrverbandes

Liebe Feuerwehr-Senioren,
verehrte Gäste,

»Gott zur Ehr', dem Nächsten zur Wehr« – so lautet der Leitsatz der Feuerwehren und so lautet auch die Eingangszeile der Feuerwehrhymne. Sie, verehrte Feuerwehrleute, insbesondere Sie, verehrte Senioren des Kreisfeuerwehrverbandes Göttingen leben nach diesem Leitsatz. Feuerwehrdienst ist Dienst am Nächsten. Er ist Einsatz für die Gemeinschaft und er ist gelebte Nächstenliebe.

Ohne dieses ehrenamtliche Engagement von Frauen und Männern in den Feuerwehren wäre der Staat, in diesem Falle die Städte, Gemeinden und der

Kreis, gar nicht in der Lage, umfassenden Brandschutz zu gewährleisten. Ganz zu schweigen davon, dass neben dem Löschen auch das Bergen, Retten und Schützen nicht zu leisten wäre.

Die Güte des Goldes erprobt man im Feuer, die des Menschen im Unglück.
Aus China

Die Gemeinschaft lebt auch und gerade vom Einsatz der Bürgerinnen und Bürger. Freiwillig stellen sie sich in den Dienst der Sache und sind bereit, in Gefahrensituationen zu helfen.

Sie, liebe Seniorinnen und Senioren des Kreisfeuerwehrverbandes, Sie können den jungen Leuten noch erzählen, unter welch schwierigen Bedingungen früher Brandschutz stattfand. Viele erinnern sich sicherlich noch an die ersten Einsatzfahrzeuge, die heute schon in den Museen stehen. Dabei ist es gar nicht so lange her, dass noch mit halbautomatischen Gerätschaften und viel Handarbeit bei der Brandbekämpfung gearbeitet wurde.

Heute haben die Feuerwehren in aller Regel moderne, schlagkräftige Einsatzfahrzeuge und Gerätschaften, mit denen sie nicht nur löschen, sondern auch Verletzte bergen, Eingeklemmte herausschneiden und nicht zuletzt auch schon so manche Katze vom Baum oder Hausgiebel geholt haben. Und sicherlich hat auch der eine oder andere Senior in der Feuerwehrrunde erzählt, dass sie das eine oder andere Gebäude hätten retten können, wenn sie das Gerät von heute schon früher gehabt hätten.

Wir sind stolz auf unsere Feuerwehren. Auf die Einsatzabteilungen, auf die Jugendfeuerwehren, aber insbesondere auch auf die Senioren des Kreisfeuerwehrverbandes, die nach dem Krieg das Rettungswesen und die Wehren wieder aufgebaut haben. Und die ihre Schlagkraft und ihren guten Ruf und das hohe Ansehen in der Bevölkerung begründet haben.

Ich sage Ihnen allen Dank für Ihre Leistungen. Wir haben heute 150 Feuerwehren mit knapp 4200 Feuerwehrleuten im Landkreis Göttingen. Und wir haben 91 Jugendfeuerwehren mit mehr als 1400 Jungen und Mädchen,

Den Dank für die Leistungen der Senioren aussprechen. Und die Erinnerung an liebe Kameraden und gute Zeiten in der Gemeinschaft zurückrufen.

jungen Frauen und Männern. Sie, die älteren in den Feuerwehrkameradschaften, haben dies mit aufgebaut. Dafür sagen wir alle Ihnen herzlich Dank.

Dieser Seniorennachmittag soll ein Stück Dankeschön sein. Er soll aber auch dazu beitragen, alte Kameradschaften aufzufrischen, neue zu begründen, sich zu treffen und miteinander über alte Zeiten oder neue Nachrichten zu plaudern.

Ich wünsche Ihnen einen erlebnisreichen Nachmittag, überbringe Ihnen die herzlichen Grüße des Landkreises Göttingen und schließe meinen Dank an für Ihr großartiges Engagement und Ihre Einsatzbereitschaft. Alles Gute.

100 Jahre DRK-Bereitschaft

Verehrter Herr Vorsitzender,
verehrte Ehrengäste,
meine sehr geehrten Damen und Herren,

der DRK Bereitschaft Rostock gratuliere ich herzlich zum 100. Jubiläum. Wir freuen uns gemeinsam über dieses Ereignis, das mit Stolz und Genugtuung begangen werden darf. Es besteht aller Anlass, auf die beispielhaften Leistungen und die ständige Einsatzfähigkeit ihrer Bereitschaft aufmerksam zu machen und an diejenigen zu erinnern, die in den vergangenen Jahrzehnten die Arbeit unter dem Zeichen des Roten Kreuzes durchgeführt haben.

Der aufrichtige Dank gilt vor allem den Helferinnen und Helfern, die seit der Gründung als »Praktiker der Nächstenliebe« die Idee des Henry Dunant in die Tat umsetzten und Menschen in Not jede nur mögliche Hilfe zukommen ließen. In den »Grundsätzen des Roten Kreuzes«, verkündet auf der

20. Internationalen Rotkreuz-Konferenz 1965 in Wien, heißt es: »Die Rotkreuzbewegung unterscheidet nicht nach Nationalität, Rasse, Religion, sozialer Stellung oder politischer Überzeugung. Sie ist einzig bemüht, den Menschen nach dem Maß ihrer Not zu helfen und dabei den dringendsten Fällen den Vorrang zu geben.« Daran hat sich bis heute nichts geändert; hierfür stehen die Mitglieder des Deutschen Roten Kreuzes in Rostock und überall.

Ohne die engagierte Mitarbeit vieler ehrenamtlicher Helferinnen und Helfer wäre diese Rotkreuzarbeit nicht möglich gewesen. Aus der Einsatzbereitschaft und der freiwilligen Selbstverpflichtung unserer Mitglieder schöpft das Rote Kreuz seine Bedeutung und begründet zugleich sein Ansehen in der Öffentlichkeit.

Daher nehme ich das 100. Jubiläum der Bereitschaft Rostock gerne zum Anlass, allen, die in den verschiedenen Bereichen Rotkreuzarbeit geleistet haben, namens des Stadtrates für Ihren Einsatz zu danken und zugleich herzlichst darum zu bitten, auch in Zukunft für den Dienst am Nächsten unter dem Zeichen des Roten Kreuzes zur Verfügung zu stehen.

40 Jahre Malteser Hilfsdienst

Herr Kreisbeauftragter,
Herr Bürgermeister,
verehrte Gäste,

der Malteser Hilfsdienst in Timmendorfer Strand feiert mit seinem 40. Jubiläum einen Geburtstag, der nicht nur für mehr als 250 Mitglieder und 1500 Förderer ein Grund zu feiern ist, sondern über den sich alle Bürgerinnen und Bürger unserer Gemeinde freuen können. Ein Blick auf die breite Angebotspalette der Malteser zeigt, wie vielfältig sich die Malteser im Sozial- und Gesundheitsbereich von Timmendorfer Strand und im gesamten Landkreis Ostholstein engagieren.

Die den ganzen Tag mit anderen zusammenhocken, verantwortungslos reden und Dummheiten aushecken – mit solchen Leuten hat man's schwer.
Konfuzius

Ob in der Behindertenarbeit oder der Erste-Hilfe-Ausbildung, als verlässlicher Partner im Sanitätsdienst und im Krankentransport, im Bereich der Mobilen Sozialen Dienste und bei der Ausbildung von Altenpflegehelfern – immer haben die Malteser kompetent, innovativ und motiviert Verantwortung für das Gemeinwohl getragen. Nicht zuletzt der Einsatz in der Jugendarbeit sowie bei zahlreichen Hilfsaktionen zeigt, dass der Dienst auch nach vier Jahrzehnten nichts von der Frische der ersten Jahre verloren hat.

Die Malteser stellten heute den 3. Sanitätszug Ostholstein, der eine Soll-Stärke von 50 Einsatzkräften aufweist. Es handelte sich um eine Einheit der »Ergänzung« des erweiterten Katastrophenschutzes, und ist notwendig, um bei besonderen Gefahrenlagen einen wirkungsvollen Einsatz zum Schutz der Bürgerinnen und Bürger sicherstellen zu können. Von der Lehrrettungswache in Timmendorfer Strand sind die haupt- und ehrenamtlichen Mitarbeiter 24 Stunden am Tag an 365 Tagen im Jahr bereit, zu helfen und zu unterstützen und zum Wohle von uns allen zu arbeiten.

Mit Stolz kann der Malteser Hilfsdienst auf seine Leistungen der vergangenen 40 Jahre zurückblicken und mit Stolz schauen wir alle auf die Malteser, die für andere im Not- und Rettungsfall zur Stelle sind, für die ich mich im Namen der Stadt Timmendorfer Strand sehr herzlich bedanke.

Verbunden mit dem herzlichen Dank an alle freiwilligen Helferinnen und Helfer wünsche ich dem Verein, seinen Mitgliedern und Förderern auch für die Zukunft engagiertes und erfolgreiches soziales Wirken zum Wohle der Menschen in unserer Gemeinde und ebenso auch für die Zukunft eine konstruktive und vertrauensvolle Zusammenarbeit.

55. Jubiläum THW-Ortsverband

Sehr geehrter Herr Ortsbeauftragter,
Herr Bürgermeister,
verehrte Ehrengäste,
liebe Mitglieder und Freunde des THW,

rund 76 000 Menschen in ganz Deutschland sind überzeugt von der Idee, in ihrer Freizeit ehrenamtlich technische Hilfe zu leisten, wo immer sie auf der Welt gebraucht wird. 145 von ihnen sind Aktive und Junghelfer im THW Ortsverband Kulmbach. Ich gratuliere Ihnen allen zum 55. Jubiläum des THW Kulmbach. In diesem Jahr gibt nicht zuletzt das Jubiläum Anlass zu einer ganz besonderen Beachtung und Würdigung der Verdienste der ehrenamtlichen Helferinnen und Helfer.

Die Arbeit der Mitglieder des Technischen Hilfswerkes zeichnet sich vor allem durch die Bereitschaft aus, sich über das übliche Maß hinaus für das Leben und körperliche Unversehrtheit anderer einzusetzen. Zur Erfüllung dieser schwierigen und außergewöhnlichen Aufgabe bringen die Helferinnen und Helfer besondere Eigenschaften mit, die heutzutage leider nicht mehr selbstverständlich sind: Verlässlichkeit, Kameradschaft, Loyalität und die Bereitschaft, im Gefahrfall die eigenen Interessen hinter denen ihrer Mitmenschen in Not zu stellen.

Vor allem in der Jugendarbeit des Ortsverbandes Kulmbach werden diese Tugenden weitergegeben und vermittelt. Um einem Gefahrfall in technischer als auch menschlicher Hinsicht gewachsen zu sein, werden Notfälle professionell geübt. Darüber hinaus werden gemeisterte Unglücke hierbei nicht allein als erbrachte Leistung und Pflichterfüllung verstanden, sondern jede Herausforderung wird zum Anlass genommen, die bereits bestehenden professionellen Leistungen noch weiter zu verbessern.

Wer im Gefahrenfall richtig helfen will, muss gut ausgebildet sein und oft trainiert haben. Nur mit ausreichend Übung kann sichergestellt werden, dass die Hilfe auch ankommt und wirkt, die Leben retten kann.

Vermisstensuche im Badesee, Unwettereinsatz, Großbrand im Nachbarort, Hochwassereinsatz, LKW-Unfall auf der B 303 – die Ereignisse sind vielfältig, zu denen das THW ausrückt, um zu helfen.

Für diese außergewöhnlichen Leistungen spreche ich allen Helferinnen und Helfern des Ortsverbandes Kulmbach den besonderen Dank der Gemeinschaft aus. Diese Tätigkeit verdient besondere Anerkennung – vor allem bei dem Gedanken an die Selbstlosigkeit, mit der diese staatliche Aufgabe verrichtet wird.

Ich wünsche dem Ortsverband Kulmbach der Bundesanstalt Technisches Hilfswerk für die Zukunft alles erdenklich Gute. Es ist beruhigend zu wissen, dass es das THW und die anderen Helfer in der Not gibt.

80 Jahre Bergwacht

Herr Bereitschaftsleiter,
Herr Landrat,
Herr Bürgermeister,
verehrte Gäste,

seit ihrer Gründung vor jetzt 80 Jahren hat die Bergwacht Berchtesgaden seither unzähligen Menschen das Leben gerettet, die im Nationalpark in den großen Gebirgsstöcken des Hagengebirges, des Watzmanns, des Hochkalters und der Reiteralm verunglückt sind. Vielen konnte sie auch beim Wandern, Klettern oder Skifahren aus gefährlichen Situationen heraushelfen, die leicht zu schlimmeren Unfällen hätten führen können.

Der Rettungsdienst im Gebirge und im unwegsamen Gelände, die Mitwirkung im Katastrophenschutz – sie sind die ursprünglichen Aufgaben der Bergwacht. Zahllose Menschen verdanken dem mutigen Einsatz der freiwilligen Helfer der Bergwacht Berchtesgaden Leben und Gesundheit. Die

Betreuung der Skilifte und Loipen in der Wintersportsaison und die Berghütten sowie Bergrettungswachen haben in unzähligen Fällen den Besuchern und Gästen in den Skigebieten und auf den Bergwanderrouten Hilfe und Unterstützung in Notlagen gegeben.

Schon zahlreiche Bergsteiger, die in Not gerieten, verdanken dem Einsatz von freiwilligen Helfern ihr Leben, die selbst in schwierigstem Gelände unterwegs waren, um zu retten.

Einen zunehmend größeren Anteil nimmt inzwischen auch der Schutz der Natur und unseres Waldes ein. Seien es Naturschutzstreifen, Pflege- und Biotopschutzmaßnahmen oder Lehrwanderungen in den Natur- und Landschaftsschutzgebieten – die Bergwacht versteht sich hier als eine Gemeinschaft, die dem Schutz und der Erhaltung unserer Erholungsgebiete in besonderer Weise verpflichtet ist. Hohe Anerkennung gehört dem ehrenamtlichen Engagement. Ohne die vielen freiwilligen Helfer, welche einen Gutteil ihrer Freizeit hier in den Dienst einer guten Sache stellen, wäre die Arbeit der Bergwacht nicht vorstellbar.

So hat der aus der Gründerzeit der Bergwacht stammende Wahlspruch bis heute noch nichts an seiner Bedeutung verloren:

Die Güter der Heimat zu schützen,
dem Nächsten zu helfen in Not,
dem Volk und der Heimat zu nützen,
das ist der Bergwacht Gebot.

Mit dem Dank für die segensreiche Arbeit in den zurückliegenden acht Jahrzehnten verbinde ich den Wunsch der Gemeinschaft, dass die Bergwacht auch in Zukunft für alle in Not Geratenen da ist und schnell und uneigennützig hilft. Für das Jubiläumsfest wünsche ich allen Mitgliedern, aber auch den Gästen der Bergwacht Berchtesgaden fröhliche und harmonische Stunden.

Ausstellung zur Seenotrettung

Verehrte Gäste,

72 000 Menschen – so viele, wie Husum und Wismar zusammen an Einwohnern heute haben – hat die Deutsche Gesellschaft zur Rettung Schiffbrüchiger in ihrer 140-jährigen Seenot-Rettungsarbeit vor dem »nassen Tod« bewahrt. Eine großartige Leistung für die Gemeinschaft, die Respekt und Anerkennung und Dank verdient.

140 Jahre sind Männer – und seit einiger Zeit auch zunehmend Frauen – in Alarmbereitschaft oder unterwegs, um Menschen aus Seenot zu retten, sie aus kritischen Gefahrensituationen zu bergen, Kranke und Verletzte von Seeschiffen, Inseln oder Halligen zum Festland zu transportieren, Schiffe und Boote vor dem Totalverlust zu bewahren und viele andere Rettungsaktionen mehr.

Es ist eine Geschichte vom selbstlosen Helfen, von der Bereitschaft, Gefahren auf sich zu nehmen, um andere aus Not zu bergen, und es ist eine Geschichte von mutigen Menschen, die gegen die Urgewalten des Meeres ankämpfen, um zu retten.

Dies alles und noch viel mehr zeigt die Ausstellung »Aus Sturm und Not – 140 Jahre DGzRS«, die bis 3. Oktober hier im Focke-Museum Bremen zu sehen ist. Es sind eindrucksvolle Exponate aus der Geschichte der Seenotrettung, die zusammengetragen wurden: Historische Rettungsgeräte vom Leinenwagen bis zur Hosenboje, Modelle aller Seenotkreuzer- und Seenotrettungsboot-Typen, Dokumente und Gemälde, Sammelschiffchen und Werbeplakate.

Stumme Zeugen der Geschichte können sehr laut und eindringlich Geschichten erzählen aus ihrer Zeit und uns so Ehrfurcht lehren.

Und im Park des Museums ist als einer der Glanzpunkte ein Ruderrettungsboot aus den 1890er-Jahren zu sehen. Es sind bewegende Bilder, die gezeigt werden, und es sind beeindruckende und aufregende

Möglichkeiten, die die interaktiven Teile der Ausstellung für »Seebären« wie »Landratten« bieten.

Die Deutsche Gesellschaft zur Rettung Schiffbrüchiger ist als gemeinnützige Organisation auf die Spendenbereitschaft der Bürgerinnen und Bürger angewiesen. Mit der eindrucksvollen Ausstellung präsentiert die Gesellschaft, dass die Spenden gut angelegt sind und dass damit Segensreiches bewirkt wird. Für mehr als 300 000 Bundesbürger ist es eine Selbstverständlichkeit, regelmäßig die Seenotretter zu unterstützen und ihnen eine Spende zu überweisen. Mit der Ausstellung werden hoffentlich viele weitere Geldgeber hinzukommen, damit die Rettung von in Seenot Geratenen auch für die kommenden Jahre und Jahrzehnte so erfolgreich fortgesetzt werden kann, wie es in den zurückliegenden 140 Jahren möglich gewesen ist.

Zitate Feuerwehr & Rettungswesen

Der Retter eines Menschen ist größer als der Bezwinger einer Stadt.
Konfuzius

Zünde kein Feuer an, das du nicht wieder löschen kannst.
Chinesische Weisheit

Die Spritze, die morgen kommt, löscht heute kein Feuer.
Deutsches Sprichwort

Feuer soll man nicht in Papier einhüllen.
Chinesische Weisheit

Schreien löscht das Feuer nicht.
Deutsches Sprichwort

Eine mächtige Flamme entsteht aus einem winzigen Funken.
Dante Alighieri, 1265–1321, italienischer Dichter

Meine Erfolgsliste ist hundertprozentig.
Paul Neal »Red« Adair, 1915–2004, amerikanischer Spezialist für das Löschen von Großbränden

Wohltätig ist des Feuers Macht, wenn sie der Mensch bezähmt, bewacht.
Friedrich von Schiller, 1759–1805, deutscher Dichter

Es ist frevelhaft, mit dem Geld und dem Feuer nicht vorsichtig umzugehen.
Adalbert Stifter, 1805–1868, österreichischer Schriftsteller und Pädagoge

Wer löschen will, darf das Feuer nicht fürchten.
Deutsches Sprichwort

Rauchen Sie nicht im Bett, die Asche, die herunterfällt, könnte Ihre eigene sein.
Grafitti an einer Brücke

Wenn der Wind weht, löscht er die Kerze aus und facht das Feuer an.
Aus dem Arabischen

Entschlossenheit im Unglück ist immer der halbe Weg zur Rettung.
Hans A. Pestalozzi

Jeder hat seinen Lieblingsgegner. Ohne ihn wäre unser Glück nicht vollkommen.
Le Corbusier

Rauch zeigt Feuer an (Fumus ignem).
Marcus Tullius Cicero, 106–43 v.Chr., römischer Schriftsteller und Politiker

Sport & Turnen

88 960 Sportvereine gibt es in Deutschland. Fast 27 Millionen Menschen sind Mitglied in einem dieser Sportvereine. Sie alle haben Freude an der Bewegung, an der Begegnung und am Miteinander. Und natürlich auch an den geselligen Veranstaltungen ihres Vereins, vor allem wenn ein Jubiläumsfest ansteht.

Es gibt viel zu feiern in einer solch großen Familie. Und natürlich braucht jede Feier auch eine gute Festrede.

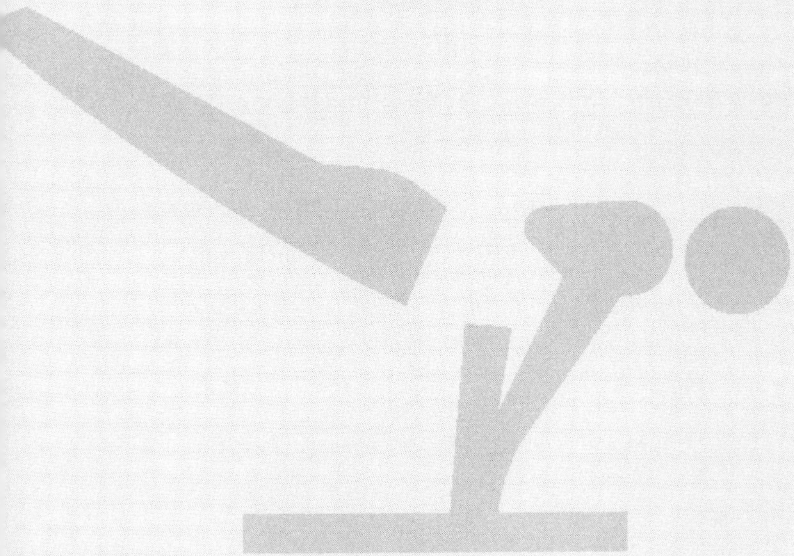

Grußwort 75 Jahre Fußballverein

Herr Vereinsvorsitzender,
liebe Fußballfreundinnen und –freunde,

alles dreht sich um »König Fußball« – das gilt für die Bundesliga und auch für alle diejenigen, die es sich am Wochenende regelmäßig vor dem Fernseher gemütlich machen. Es gilt aber auch für ganz viele Kinder und Jugendliche in Passang, für die das runde Leder konkurrenzlos im Mittelpunkt ihrer Freizeit steht. Aber eben nicht nur als passive Konsumenten, sondern als aktive, begeisterte und zuverlässige Spieler in ihrem Fußballverein.

Das Engagement des FC Passang ist gerade auf diesem Feld als vorbildlich zu bezeichnen. Von den 450 Mitgliedern sind über 100 Kinder und Jugendliche im Alter von vier bis 18 Jahren. Sie zu fördern, für sie Training, Freundschaftsspiele und Turniere zu organisieren, ist dem Verein ganz besonders wichtig. Und er wird nicht müde, nach Sponsoren Ausschau zu halten, damit auch und gerade Kinder aus finanziell benachteiligten Elternhäusern auch ohne Beitrag dabei sein können.

Kein Wunder, dass die Passanger wegen ihrer exzellenten Jugendförderung dem DFB aufgefallen sind und sie dafür mit der Sepp-Herberger-Medaille ausgezeichnet wurden. Eine Würdigung, der ich mich gern und mit großer Freude und Sympathie anschließe!

Der Ball ist rund. Ein Spiel geht 90 Minuten. Das nächste Spiel ist das schwerste.
Sepp Herberger

Jetzt feiert der FC Passang seinen 75. Geburtstag. Meine herzlichen Glückwünsche zu diesem Jubiläum möchte ich verbinden mit meinem Dank an all jene, die mit ihrer Arbeit und ihrem Einsatz das rege Vereinsleben, das soziale Engagement und die sportlichen Erfolge des FC Passang ermöglicht haben.

Ich wünsche dem FC Passang auch weiterhin alles Gute!

75. Jubiläum eines Turn- und Sportvereins

Herr Vereinsvorsitzender,
Herr Landrat,
verehrte Ehrengäste,
liebe Turn- und Sportfreunde,

der Volksmund beschreibt Sport als »die schönste Nebensache der Welt«. Recht hat er. Doch damit allein wäre es nicht getan. Dort nämlich, wo die Voraussetzungen fehlen oder wo Enge und Platznot herrschen, dort wird Sport allenfalls noch zur Nebensache, aber nicht mehr schön.

Es gibt nichts Schöneres als eine grüne Wiese mit zwei Toren.
Friedel Rausch

Für uns, die im Landkreis Kulmbach politisch Verantwortlichen, ist die Förderung des Breiten- wie des Spitzensports eine Hauptsache. Wir schaffen Voraussetzungen, indem wir Hallen errichten, Anlagen, Sportplätze und vieles mehr aus dem Kreishaushalt bezuschussen oder mitfinanzieren. Dies geschieht in dem Wissen, dass Geld, das für den Sport ausgegeben wird, kaum besser hätte angelegt werden können.

Sport fördert die Gemeinschaft. Dies ist insbesondere in einer Zeit wichtig, in der die Sprachlosigkeit voranschreitet. Sport fördert aber auch die Erziehung der Jugend zu Tugenden wie Fairness, Teamgeist und Kameradschaft. Dies sind Werte, die auch über den Sport hinaus im täglichen Leben von großer Bedeutung sind.

Im Turn- und Sportverein 1929 Trebgast werden seit nunmehr 75 Jahren Menschen aus allen Altersstufen zusammengeführt. Dies ist die gesellschaftspolitisch wichtigste Aufgabe eines jeden Vereins. Darüber hinaus geht es um die sportliche Betätigung, die im TSV 1929 Trebgast unter anderem in den Sparten Fußball, Faustball, Turnen, Tischtennis, Volleyball, Reha-Sport oder Ju-Jutsu stattfindet und – ganz aktuell – im Lauftreff, der sich über alle Altersgruppen hinweg steigender Beliebtheit erfreut.

Wer sich selbst besiegt, ist stark.
Laotse

Ich danke allen Verantwortlichen des Turn- und Sportvereins 1929 Trebgast, die die gute Arbeit des Vereins sicherstellen. Ich möchte Sie, wie auch alle Mitglieder und Freunde des traditionsreichen Vereins bitten und ermuntern, auch weiterhin für die Allgemeinheit und für Ihre Sportler aktiv zu wirken. Ich verbinde diesen Wunsch mit meinem aufrichtigen Dank für die Leistungen in der Vergangenheit.

Internationales Handballturnier

liebe Handballerinnen und Handballer,
verehrte Gäste des Turniers,

Fußball ist in Deutschland unbestritten die Sportart Nummer eins. Ob im Vereinsleben oder auf den Zuschauerrängen, ob im Gespräch oder am Fernsehbildschirm, wenn 22 Kicker plus drei Schiedsrichter unterwegs sind, schaut Fußball-Deutschland hin, die TV-Stationen übertragen live und in Farbe und die Zeitungen drucken in besonders dicken Lettern.

Doch hinter der unumstrittenen Nummer eins im deutschen Sport-Interesse haben sich einige hochklassige Sportarten ebenfalls als Magneten des Interesses etabliert. Handball ist eine dieser an Bedeutung und Interesse gewinnenden Sportarten, die mit temporeichen Aktionen, mit spektakulären Ballszenen, mit Kampfgeist und Einsatz für Begeisterung sorgen. Handball ist mindestens so athletisch wie Fußball, aber bedeutend schneller in der Aktion und direkter im Tordrang.

Deutsche Handballmannschaften haben international einen exzellenten Ruf. Die Nationalmannschaft hat großartige Siege errungen und schon oft den Olymp gestürmt. Auch Bundesligateams sind außerordentlich erfolgreich und kämpfen international immer um Siegertreppchen mit.

Das schnelle Spiel mit dem Ball wird auch bei der 3. Waldhessen-Trophy begeistern, die Pfingsten von der Turngemeinde Lispenhausen gemeinsam mit dem Eurosportring ausgetragen wird. Internationale Teams sind zu Gast und werden die hoffentlich zahlreichen Zuschauer begeistern. Ich übermittle allen teilnehmenden Mannschaften, aber auch den Besuchern der Spiele die herzlichen Grüße der Gremien des Landkreises und füge meine ganz persönlichen besten Wünsche an.

Sport führt Menschen zusammen, die Spaß daran haben, im Wettstreit den Sieger zu ermitteln. Mit dem Dank für die Mühen der Mitglieder der Turngemeinde Lispenhausen verbinde ich auch den Wunsch, dass nicht nur das kampfstärkste Team, sondern auch das fairste und freundschaftlichste Team die 3. Waldhessen-Trophy gewinnen möge. Und vielleicht bleibt der Pokal ja auch in unserer Heimat ...

Fünf Jahre Nordic Walking

Liebe Nordic Walker,

Trend-Sportarten haben wir ja schon seit geraumer Zeit zu beobachten. Welle auf Welle ist über den großen Teich geschwappt, hat uns überspült und ist dann ausgelaufen. Mehr oder weniger schnell. Geblieben sind – bis heute – Inline-Scating, Jogging, Beach-Volleyball und Paragliding. Vielleicht auch noch Wrestling.

Der Sport ist eine Tätigkeitsform des Glücks.
Martin Kessel

Aus ganz anderer Richtung ist vor jetzt acht Jahren eine Sportart zu uns gelangt, die sich bislang gehalten und die nach wie vor Zulauf hat: Walking, genauer Nordic Walking. Als sich vor fünf Jahren eine erste Gruppe in unserem Verein traf, wurde sie noch belächelt. Heute ist die Nordic Walking-Abteilung eine große und vitale Abteilung in unserem Sportverein. Ich

Des echten Mannes wahre Feier ist die Tat.
Johann Wolfgang von Goethe

beglückwünsche die Verantwortlichen zu ihrer Weitsicht und zu ihrer Beharrlichkeit von damals. Heute nun feiern sie das fünfte Jubiläum und ich hoffe, es läuft auch weiterhin gut.

Nordic-Walking wurde als Sommer-Trainingsmethode für Spitzenathleten aus den Bereichen Langlauf, Biathlon und Nordischer Kombination entwickelt. Im Frühjahr 1997 wurde diese äußerst effektive Sportart in Finnland vorgestellt. Von dort aus hat die neue Sportart innerhalb weniger Jahre eine Blitz-Karriere gestartet und breite Bevölkerungsschichten begeistert.

Nordic Walking ist Ausdauersport, der für fast jedermann geeignet ist. Nordic Walking rein als Mode-Trend zu bezeichnen, ist mit Sicherheit zu kurz gegriffen. Nordic Walking darf nicht verwechselt werden mit dem Sportgehen, das als Wettkampfsportart Teil auch Olympischer Spiele ist.

Wer eine sportliche Betätigung sucht, bei der Gelenke und Kreislauf weniger belastet werden als beim Joggen, wer eine Aktivität zwischen Spazierengehen, Wandern und Joggen sucht, der ist beim Nordic Walking gut aufgehoben. Wer nach langer sportlicher Abstinenz, nach einem Unfall oder einer Krankheit sich physisch wieder ertüchtigen will, für den ist Nordic Walking genau das Richtige. Die Gefühle, die man erlebt, wenn man das erste Mal fünf Kilometer straff gewalkt ist – wo man sich doch vor kurzem noch die Treppenstufen in den ersten Stock hochgequält hat – spätestens dann weiß man, dass Nordic Walking eine Sportart ist und kein Spazierengehen mit Stöcken.

Ich beglückwünsche den Sportverein zu dieser aktiven Truppe der Nordic Walker, die ja mehrheitlich aus Walkerinnen besteht. Ich beglückwünsche Sie alle zu fünf Jahren Nordic Walking in unserer herrlichen Natur und hoffe, dass diese junge und aktive Sportart eine gute Zukunft hier im Verein haben wird.

In diesem Sinne, an die Stöcke, fertig, los!!!

110 Jahre Radfahrverein

Herr Vorsitzender,
verehrte Ehrengäste,
liebe Radsportler und -sportlerinnen,

es ist gerade mal 150 Jahre her, da versah der deutsche Instrumentenbauer Philipp Moritz Fischer aus Oberndorf bei Schweinfurt erstmals ein hölzernes Laufrad mit Tretkurbeln an der Vorderachse. Das war die Geburtsstunde des Fahrrads. Was wir heute im Rückblick mild und liebevoll belächeln, war jedoch notwendig, damit es so weit kommen konnte bis zum Hier und Heute.

150 Jahre Geschichte hat das Fahrrad jetzt hinter sich und es hat viel bewegt. Im wahrsten Sinne des Wortes. Ohne die Tretkurbeln von Philipp Moritz, ohne die Erfindung des Luftreifens durch einen britischen Ingenieur, ohne die Entwicklung des Kettenantriebs und der Nabenschaltung und viele Dinge mehr – ohne alle diese Entwicklungen gäbe es Ihren Verein vermutlich gar nicht. So hat das Fahrrad in diesen 150 letzten Jahren eine stürmische Entwicklung mitgemacht, was auch dazu geführt hat, dass der heute 110-jährige Radfahrerverein Blitz im Jahre 1907 in Saarbrücken gegründet wurde.

Heute treffen sich in Ihrem Verein Menschen, die Freude haben an der Bewegung, am Sport, an der Gemeinschaft und dem Miteinander und – natürlich – am Fahrrad. Was 1907 mit aus heutiger Sicht »abenteuerlichen« Rädern begann, hat sich in den Jahrzehnten bis heute rasant weiterentwickelt. Das Radfahren von damals hat mit dem modernen »Biking« von heute so viel zu tun wie ein Stück Kohle mit einem Diamanten.

Ich beglückwünsche Sie alle zu dieser lebendigen und erfolgreichen Gemeinschaft. Und ich beglückwünsche Sie zu Ihrem fröhlichen Jubiläumsfest, bei dem wieder mit beeindruckenden Vorführungen auf dem Einrad und anderen Fahrrädern Werbung für den Radsport und den Verein Germania gemacht wird.

Sport stärkt Arme, Rumpf und Beine, kürzt die öde Zeit, und er schützt uns durch Vereine vor der Einsamkeit.
Joachim Ringelnatz

Der Charakter ruht auf der Persönlichkeit – nicht auf den Talenten.
Johann Wolfgang von Goethe

Ich bin als Bürgermeister ja Chef einer großen Behörde. Und der Volksmund sagt den Behörden ja nach, da gäbe es jede Menge Radfahrer. Die würden nach oben buckeln und nach unten treten. Ich bin jetzt gut anderthalb Jahre im Amt und ich muss sagen, der Volksmund hat Unrecht: Ich habe solche Mitarbeiterinnen und Mitarbeiter noch nicht getroffen.

Allerdings weiß ich, dass auch viele aus dem Rathaus gerne mit dem Rad unterwegs sind auf den Radwegen in unserer Stadt und den benachbarten Regionen. Und genau das ist auch gut so, nicht buckeln und treten, sondern Bewegung in der Natur, Freude am Radeln oder am Biken und Lebensfreude in unserer Heimat und bei großen Jubiläumsfesten wie das des Radfahrervereins Blitz 1907 Saarbrücken.

Ich wünsche Ihnen und uns allen ein fröhliches Jubiläumsfest und weiterhin viel Freude und viel Erfolg im Verein RV Blitz.

60 Jahre Tischtennisverein

Liebe Tischtennisfreunde,
liebe Vereinsmitglieder und Gäste,

Tischtennis, so ist es nachzulesen, entwickelte sich Ende des 19. Jahrhunderts in Indien und verbreitete sich von dort schnell nach England, dem damals kolonialen Mutterland des asiatischen Subkontinents. Dort erfindet der englische Ingenieur Gibb 1890 den Zelluloidball, wenig später folgt die Konstruktion des Gummischlägers – das moderne Tischtennis war geboren. Bei Olympischen Spielen ist die »schnellste Ballsportart der Welt« eher ein Spätstarter. Erst seit den Olympischen Spielen 1988 in Seoul gehört Tischtennis zum Programm und wird von Ost- und Südasiaten dominiert, auch wenn gelegentlich europäische und deutsche Spieler für Überraschungen sorgen.

Das tut der Begeisterung für Tischtennis in Deutschland jedoch keinen Abbruch; auch hierzulande lieben viele das schnelle Spiel mit den kleinen weißen Bällen. Und viele erfolgreiche deutsche Spieler konnten schon auf europäischer und sogar auf weltweiter Ebene für Überraschungen sorgen und große Siege erkämpfen.

Jeder hat seinen Lieblingsgegner. Ohne ihn wäre unser Glück nicht vollkommen.
Le Corbusier

Kein Zweifel, auch in unserer Heimat ist Tischtennis eine beliebte Ballsportart. Die meisten Sportvereine unserer Region bieten entsprechende Trainingsmöglichkeiten, die Pausenhöfe unserer Schulen und öffentliche Spiel- und Freizeitanlagen verfügen vielfach über Tischtennistische und auch viele Betriebssportgemeinschaften haben Tischtennismannschaften.

Besonders bei Kindern und Jugendlichen ist Tischtennis neben Fußball eine angesagte Sportart. Ein gutes Beispiel dafür sind die zwei aktiven Jugendmannschaften des Ballenstedter Tischtennisvereins »Gut Spiel« 1945 e.V., die auch überregional mit gutem Erfolg am Spielbetrieb teilnehmen.

An diesem Wochenende nun feiert der Ballenstedter Tischtennisverein »Gut Spiel« sein 60. Vereinsjubiläum mit einem großen Fest und mit hochkarätigen Tischtenniswettkämpfen. Das vereinseigene Tischtennis-Zentrum wird für dieses Wochenende sozusagen das Mekka der deutschen Tischtennis-Elite und die Zuschauerinnen und Zuschauer dürfen sich auf erstklassige Wettkämpfe an den Platten freuen.

Neben dem sportlichen Ehrgeiz sollen jedoch auch Spiel und Spaß an dieser temporeichen und reaktionsschnellen Sportart nicht zu kurz kommen. Dafür sorgt das Festprogramm, mit dem die Mitglieder und Freunde des Ballenstedter Tischtennisvereins »Gut Spiel« den 60. Geburtstag des Vereins feiern. Dazu wünsche ich Ihnen und uns viel Vergnügen, den Spielerinnen und Spielern viel Erfolg und den Veranstaltern ein gutes Gelingen.

25 Jahre Tennisclub

Liebe Tennisfreunde!

Tennis hat sich in den zurückliegenden Jahrzehnten gewandelt. War es früher der weiße Sport für diejenigen, die heute Regatta fahren und Polo spielen, so ist es seit Mitte der 70er-Jahre zu einem Volkssport geworden. Das ist auch gut, denn so konnte Tennis seine Popularität steigern und seine Basis verbreitern. Bester Beleg dafür sind die mehr als 400 Mitglieder des Tennisclubs Eppelheim, dem ich zum 25. Geburtstag recht herzliche Glückwünsche übermittel.

Vor einem Vierteljahrhundert wurde Ihre erste Vereinssatzung genehmigt – es war ja eigentlich nur eine Frage der Zeit, wann es in dem rasch an Menschen und Häusern wachsendem Eppelheim junge Vereine geben würde. Mit einer Baubude fing es an, es folgten Plätze und Halle und wieder Plätze, denn immer mehr Mitglieder wollten und wollen spielen. Zu Recht, denn es macht Spaß, zu zweit oder zu viert die schnelle Filzkugel über das Netz zu bringen und so zu platzieren, dass es zum Schluss »Spiel-Satz-Sieg« heißt.

Dabei kommt natürlich auch ein wenig Wehmut auf, wenn man die derzeitigen Auftritte deutscher Spitzen-Tennisspieler betrachtet. Ein neuer Boris Becker oder eine neue Steffi Graf sind leider nicht in Sicht. Allerdings bin ich mir sicher – und darin wohl mit jedem von Ihnen einer Meinung –, dass der Tennissport nicht nur eine Modeerscheinung ist: Alle, die seit Jahren und Jahrzehnten gerne auf dem Platz stehen, sind beste Beispiele für die Vielfalt dieses Sports – alle positiven Aspekte des Vereinslebens natürlich eingeschlossen!

Der englische Sportler ist stolz darauf, ein guter Verlierer zu sein. Dadurch erreicht er, dass seine Gegner sich schuldig fühlen, wenn sie gewonnen haben.
Sir Peter Ustinov

Und wer weiß: Vielleicht ist ja heute schon in den Reihen der Jüngsten im TC Eppelheim ein hoffnungsvolles Talent, dass es eines Tages bis in die Spitze schafft. Der Landkreis hat schon viele herausragende

Sportlerinnen und Sportler hervorgebracht – die Zeit wäre reif für einen Tennisstar!

Mit ungebrochenem Optimismus schaue ich deshalb mit Ihnen auf die kommenden 25 Jahre – da bleiben uns mit Sicherheit viele lieb gewonnene Traditionen erhalten und stehen uns, wie ich Sie kenne, auch sinnvolle Neuerungen ins Haus, auf die ich schon gespannt bin!

Wenn ich nicht verliere, kann der andere nicht gewinnen.
Boris Becker

Ich wünsche Ihnen allen viel Freude bei Ihrer heutigen Jubiläumsfeier und natürlich bei allem, was Sie für den Tennissport tun, und grüße Sie herzlich!

Herbstball des Tanzsportclubs

Lieber Herr Vorsitzender,
liebe Tanzsport-Begeisterte des Tanz-Clubs »Sängerstadt« Finsterwalde!

Wer hätte gedacht, dass der Tanzsport erneut einen solchen Aufschwung nehmen und nicht, wie vorausgesagt, aussterben würde , sondern vielmehr wieder begeisterten Zulauf erhält?

Noch vor 20 Jahren war Tanzen, waren Tanzschule und Standardtänze bei den jungen Leuten out. Heute ist dies wieder ganz anders. Junge Leute besuchen Tanzschulen, um Walzer und Foxtrott, Rumba und Tango, aber auch moderne Schritte wie Salsa, Jazz-Dance oder Showtanz zu erlernen. Und junge Leute besuchen auch Tanzsport-Clubs wie unseren in Finsterwalde, um Tanzen als Sport zu betreiben und so einen doppelten Gewinn zu haben: Fitness und Spaß, Gesundheit und Training.

Und nicht nur junge Leute suchen den Weg zum Tanz, auch Lebensältere finden sich zunehmend in Tanzkursen, um altes Können aufzufrischen, um in Bewegung zu bleiben und um neue Leute kennen zu lernen.

Tanzen ist die Poesie des Fußes.
John Dryden

Tanzen verbindet im wahrsten Sinne des Wortes: Erst zwei zu einem Paar, dann Paare zu einer Formation oder zu einem Ball. Drei Mal im Jahr haben wir ja das Vergnügen, vom Tanzsportclub »Sängerstadt« zu öffentlichen Tanzveranstaltungen für alle Bürgerinnen und Bürger eingeladen zu werden.

So wie heute hier im Festsaal, in dem uns die bewährte »Enjoy-Band« zum fröhlichen Hüftschwung aufspielt. Mit dem Dank für die Einladung verbinde ich die besten Wünsche für einen beschwingten und vergnügten Tanzabend hier beim Tanzsportclub »Sängerstadt« Finsterwalde.

50 Jahre Luftsportverein

Liebe Segelfliegerinnen und Segelflieger,
verehrte Gäste!

»Nur fliegen ist schöner!« Dieses geflügelte Wort drückt sehr eindrucksvoll aus, dass Segelflieger eine der schönsten Sportarten betreiben. Von oben betrachtet wird die Welt großartig und überschaubar, die Sorgen verfliegen, man entrückt.

Wie schön muss es erst sein, über unsere Heimat hinwegzusegeln, wenn das Leben auf diesem bezaubernden Flecken hessischer Erde schon am Boden so schön ist.

Ich beglückwünsche die Mitglieder des Luftsportvereins »Otto Lilienthal« zu ihrer jetzt schon 50-jährigen Tradition, vom Boden abzuheben und das Treiben hier unten bei uns mit wohlwollendem Abstand zu betrachten.

Ein großes Kompliment sage ich auch zur guten Kameradschaft innerhalb des Vereins, die es erst ermöglicht hat, dass das 50-jährige Bestehen heute gefeiert werden kann. Sie haben hier auf dem Flugplatz »Hohe Wanne« ihren Treffpunkt, ihren Vereinsmittelpunkt und natürlich auch Ihre Start- und Landeflächen. Von hier heben Sie ab zu Ihren großartigen Erfolgen, die Sie alle in Ihrer langen Vereinsgeschichte bis heute eingeflogen haben. Hier landen Sie wieder, mit dem Sieg am Flügel oder dem Platz in der Wertung. Und manchmal natürlich auch ohne beides!

Es geht beim Sport nicht nur ums Geschäft. Es geht auch darum, dass die Fans nichts davon merken.
Ephraim Kishon

Ich gratuliere Ihnen allen ganz herzlich zu den großen sportlichen Erfolgen, die die Vereinsmitglieder in einem halben Jahrhundert errungen haben und damit dem Luftsportverein »Otto Lilienthal« zu Ansehen weit über die Landkreisgrenzen hinaus verschafft haben. Möge dieses Jubiläum den Club zu weiteren »Höhenflügen beflügeln«.

50 Jahre Segelflugclub

Herr Vorsitzender,
Frau Bürgermeisterin,
liebe Freunde des Segelflugs,

»Über den Wolken muss die Freiheit wohl grenzenlos sein« – so ein bekannter Song von Reinhard Mey. Er hat Recht: Über den Wolken verschwimmen die Grenzen, wird Freiheit erlebbar. Die Probleme beginnen und enden auf dem Boden. Ich meine damit die Kritik und die Widersprüche bei dringend erforderlichen baulichen Anlagen. Doch die sind zwingende Voraussetzung für das Erreichen und Verlassen der Freiheit über den Wolken.

Das Miteinander derjenigen, die den Luftraum betreten können oder wollen, ist bestens geregelt, da es relativ wenige sind. Auf dem Boden sieht es ganz anders aus. Jedermann kann sich dort nach Belieben tummeln. Daraus resultieren die Schwierigkeiten, die bei Anlage oder Betrieb oder Neueinrichtung

Wenn ein Drache steigen will, muss er gegen den Wind fliegen.
Aus China

von Startbahnen, Hangars, Tower und anderen Einrichtungen auftreten. Die Masse widerstreitender, konkurrierender und korrespondierender Interessen macht ihren Ausgleich so ungemein schwierig.

Wenn ich dennoch guter Dinge bin, was die Durchsetzung und Wünsche vieler Flieger betrifft, dann deshalb, weil ich weiß, dass Kompromisse möglich und Lösungswege gangbar sind. Und weil ich niemanden kenne, der an der Wiege des Segelfluges auch seine Bahre stehen sehen möchte, bin ich zuversichtlich, dass der Verein die Erreichbarkeit der Wolken auch weiterhin wird garantieren können. Nicht grenzenlos, aber vernünftig.

Ich weiß, dass es der größte Wunsch des Vereins ist, zu seinem 50. Jubiläum die Baugenehmigung für die zweite Startbahn zu erhalten. Mit dem Glückwunsch zum Jubiläum verbinde ich die Zuversicht, dass es gelingen wird.

Motorsport-Veranstaltung

Liebe Motorsportfreunde,
verehrte Gäste,
meine sehr geehrten Damen und Herren,

es ist der Deutschen liebstes »Spielzeug«, das Auto. Es wird gehegt, gepflegt, gehätschelt, verschönt, umgebaut und vieles mehr. Und es wird schnell gemacht. Schnell und kurvengängig, wenn es gilt, bei Autorennen Siegerehren zu erringen.

Zum 22. Mal findet am kommenden Wochenende das Automobil-Bergrennen »Am Stock« statt und ich übermittle daher allen Teilnehmern, allen Zuschauern und »Schlachtenbummlern« entlang der anspruchsvollen Strecke die Grüße des Landkreises Hersfeld-Rotenburg und füge meine persönlichen besten Wünsche an.

Ohne Zweifel wird auch 2005 die weit über unsere Kreisgrenzen bekannte Großveranstaltung wieder zahlreiche Fahrer und Gäste anlocken. Die vielen Motorsportfans aus Nah und Fern können sich auf beeindruckende Fahrleistungen und akrobatische Demonstrationen der Fahrer freuen.

Wer nicht mehr will, als er kann, bleibt unter seinem Können.
Herbert Marcuse

Dank sage ich den Mitgliedern der Motor-Sport-Freunde Bebra e.V. für eine umsichtige und verantwortungsbewusste Arbeit, damit die Wettkämpfe fair und mit möglichst geringem Risiko für Fahrer und Zuschauer durchgeführt werden können.

Den Mitgliedern der Motor-Sport Freunde Bebra e.V. wünsche ich viel Erfolg bei der Durchführung der Veranstaltung und bei Ihren weiteren Aktivitäten. Und uns allen wünsche ich unterhaltsame Stunden »Am Stock«.

50 Jahre Sportfischerverein

Herr Vorsitzender,
Herr Bürgermeister,
verehrte Gäste,

munter wie ein Fisch im Wasser – so erlebe ich heute den Sportfischerverein bei seinem 50. Geburtstag. Ich gratuliere ganz herzlich zu diesem großen Jubiläum, ich überbringe Ihnen die herzlichen Grüße der Gremien des Landkreises und ich füge meine persönliche Gratulation gerne an.

Fisch ist gesund. Fisch ist Nervennahrung. Fisch bildet Gehirn. Es sind zahlreiche Redensarten und Weisheiten zum Fisch überliefert. Und ich denke, an den meisten ist auch etwas dran. Nicht umsonst wurden wir als Kinder mit Lebertran gefüttert – ich erinnere mich mit Grausen an die Zeit. Und sicherlich weiß die eine oder der andere auch noch, wovon ich rede.

Wir haben gelernt, wie die Vögel zu fliegen, wie die Fische zu schwimmen, doch wir haben die einfache Kunst verlernt: wie Brüder zu leben.
Martin Luther King

Geschadet hat das nichts – abgesehen von der Wal-Population der Weltmeere, die im Zuge der Industrialisierung des Fischfangs und der Waljagd bis an den Rand der Ausrottung getrieben wurde. Ähnlich ist es heute noch bei vielen Fischarten, die mit riesigen Schleppnetzen gefangen werden. Auch sie sind vom Aussterben bedroht, genauso wie der so genannte Beifang, also Delfine und andere Meeressäuger.

Auf dem Lande ist es kaum anders. Viele unserer Süßfischarten waren oder sind noch vom Aussterben bedroht. Die Wasserverschmutzung war noch vor wenigen Jahrzehnten so groß, dass selbst Menschen nicht mehr in die Flüsse und Bäche durften, selbst wenn sie es gewollt hätten. Fast alle Flussschwimmbäder wurden geschlossen, auch die hier bei uns in der Heimat entlang der Fulda.

Warum? Weil das Wasser so hochgradig verschmutzt und vergiftet war, dass man nicht mehr in die Brühe gehen konnte. Geschweige denn, dass da Fische leben konnten.

Heute ist das alles wieder anders. Kläranlagenbau, Wasserreinhaltung, Filter, Kanäle und viele Maßnahmen mehr haben unsere Flüsse und Bäche wieder sauber werden lassen. Der Fischbestand ist wieder hoch und viele selten gewordenen Arten leben wieder bei uns in den heimischen Gewässern.

Verehrte Gäste, das kommt nicht von ungefähr. Es waren und sind die Fischereivereine, die Angelvereine, die Natur- und Umweltschützer in den Mitgliedsorganisationen des Fischereiverbandes, die sich intensiv um den Gewässerschutz, um Renaturierung und um die Hege des Fischbestandes gekümmert haben.

Hier in Niederaula waren und sind es Sie alle, die Mitglieder des Sportfischereivereins und Ihre Freunde und Mitstreiter, die sich um die Natur von Fulda, Aula und Jossa gekümmert haben und kümmern. Vom Richtgraben bei Solms bis zum Auegraben bei Kerspenhausen, habe ich gelesen, reicht Ihre Gewässerstrecke, die Sie bewirtschaften. Ein beachtliches Stück Heimat, um das Sie sich kümmern. Und Sie kümmern sich mit Erfolg, wie ich lesen konnte. Denn es ist doch ein großer Erfolg, wenn heute wieder Neunauge und Mühlkoppe oder der Fisch des Jahres 2005, die Bachforelle, in Bächen zu Hause sind, in denen sie vor 25 Jahren noch vergiftet worden wären. Heute drohen ihnen ganz andere Gefahren, wenn ich an die großen Kormoran-Schwärme denke – doch ich möchte heute Abend keine Härte ins Gespräch bringen, deshalb lasse ich dieses Thema einmal beiseite.

Das Außerordentliche geschieht nicht auf glattem, gewöhnlichem Wege.
Johann Wolfgang von Goethe

Ich beglückwünsche Sie zu diesen Erfolgen. Sie ermöglichen, dass heute wieder mehr und mehr Menschen Natur pur erleben können. Und Sie ermöglichen es auch, Fische zu angeln, und diesem ebenso erlebnisreichen wie besinnlichen Sport nachzugehen.

Ich gratuliere der Vereinsführung und allen Mitgliedern zu diesem stolzen Jubiläum. Und ich verbinde mit dem Glückwunsch auch die Bitte, dass Sie alle dieses große Engagement für Natur und Umwelt in unserer Heimat beibehalten. Und dass Sie dann auch die Freude erfahren können, heimischen Fisch zu angeln und gedünstet, gebraten oder gegrillt zu genießen.

Ihnen allen rufe ich ein freundschaftliches Petri-Heil zu und ich bin sicher, dass Sie bei Ihrer Feier hier mit Freunden und Förderern viel Spaß und Vergnügen haben werden. Alles Gute.

Zitate Sport & Turnen

Der Golfsport zeichnet sich dadurch aus, dass man versucht, aus den schlimmsten Verrenkungen des Körpers eine graziöse Bewegung zu machen.
Tommy Armour, *1960, amerikanischer Golf-Profi

Höher, schneller, weiter.
Olympisches Motto

Sportärzte sind wie Alchemisten. Sie versuchen, olympischen Geist mit Hilfe der modernen Medizin in Gold zu verwandeln.
Prof. Dr. med. Gerhard Uhlenbruck, *1929, deutscher Immunbiologe und Aphoristiker

Fußball beherrscht den Teil im Hirn des Mannes, der sich weigert erwachsen zu werden.
Sir Peter Ustinov, 1921–2004, britischer Schauspieler, Regisseur und Schriftsteller

Was wäre der Erste ohne den Zweiten? – Letzter!
Frank Thannhäuser, *1962, deutscher Regisseur

Der große Sport fängt da an, wo er längst aufgehört hat, gesund zu sein.
Bertolt Brecht, 1898–1956, deutscher Schriftsteller

Kegeln ist beileibe keine Lockerungsübung für Wirtshaushocker und hat sich zu einem Spitzen- und Leistungssport entwickelt.
Franz Beckenbauer, *1945, Präsident FC Bayern München, ehem. Fußball-Nationalspieler und -trainer

Unsere größte Schwäche liegt im Aufgeben. Der sicherste Weg zum Erfolg ist immer, es doch noch einmal zu versuchen.
Thomas Alva Edison, 1847–1931, amerikanischer Erfinder

Pferde & Reitsport

»Ein Pferd! Ein Pferd! Ein Königreich für ein Pferd!« – so ließ es der englische Dichter William Shakespeare König Richard III im gleichnamigen Drama ausrufen. Heute gibt es keine Königreiche mehr für ein Pferd, aber für so manchen – mehr noch für so manche Frau – ist der Pferderücken königlich.

Viele Reitsportbegeisterte und viele Pferdefreunde sind in Reit- und Fahrvereinen organisiert und gehen in der Gemeinschaft Gleichgesinnter und Freunde dem Sport mit den edlen Vierbeinern nach. Und sie feiern auch zusammen, besonders, wenn der Verein ein rundes Jubiläum hat, zu dem dann auch ein passendes Grußwort benötigt wird.

Reitturnier

Verehrte Gäste,

der Reit- und Fahrsport Meinshof-Appelbüttel bietet mit dem 21. Dressur- und Springturnier und den parallelen Wettbewerben für Nachwuchspferde und -reiter auch in diesem Jahr den Freunden des Pferdesports wieder ein besonderes Erlebnis. In der idyllischen Natur des Hamburger Südens dürfen wir hochkarätigen Sport, spannungsvolle Wettbewerbe, exzellente Unterhaltung und einladende Gastlichkeit erwarten.

Die Pferdesport-Hochburg Hamburg-Süd präsentiert sich von ihrer besten Seite. Anspruchsvolle Spring- und Dressurprüfungen bieten Reitern aus der gesamten Region die Chance, sich mit der nationalen Konkurrenz, aber auch mit international bekannten Reiterinnen und Reitern zu messen. Und der Nachwuchswettbewerb für Pferde und Reiter lässt zum einen schon heute einen Blick auf die Champions von morgen zu und gibt zum anderen Gelegenheit, erstes Können einem breiteren Publikum zu präsentieren.

Die Erfahrungen der Vorjahre haben es gezeigt: Das Dressur- und Springturnier ist eine großartige Werbung für das Reiten, das sich über Alters- und Geschlechtergrenzen hinweg wachsender Beliebtheit erfreut. Als Anhänger des Pferdesports ist es mir eine besondere Freude, dass ich auch in diesem Jahr wieder die Schirmherrschaft für diesen pferdesportlichen Höhepunkt übernehmen durfte.

Die schönste Freude erlebt man immer da, wo sie am wenigsten erwartet wird.
Antoine de Saint-Exupéry

Mein Dank gilt den Organisatoren des Reit- und Fahrsport Meinshof-Appelbüttel, die auch in diesem Jahr diese Veranstaltung wieder möglich gemacht haben. Sie bereiten den Aktiven wie den zahlreichen begeisterten Besuchern des Pferdesports eine besondere Freude. Meine guten Wünsche gelten ihnen und den Reiterinnen und Reitern mit ihren Pferden für drei tolle Tage im Banne der Faszination Pferd.

75 Jahre Reitturnier

Wenn der Mensch je eine große Eroberung gemacht hat, so ist es die, dass er sich das Pferd zum Freunde gewonnen hat.
Georges Louis Leclerc

Verehrte Gäste,

In diesem Jahr wird das traditionelle Reitturnier, bekannt als der »Kanderner Nationalfeiertag«, im sommerlichen Kandern zu den Glanzlichtern im markgräfler Reitsport zählen: Es gilt, die Jubiläumsveranstaltung »75 Jahre Reitturnier« gebührend zu feiern! Meine herzlichen Grüße gelten allen Reiterinnen und Reitern. Ich freue mich, dass zahlreiche Helfer und Sponsoren dieses Ereignis durch Ihr großes Engagement möglich werden lassen und danke Ihnen dafür.

Noch etwas liebevoller als schon in den Jahren zuvor haben die Veranstalter ein hervorragendes Jubiläumsprogramm zusammengestellt. Für die zahlreichen Sport- und Pferdeliebhaber aus Nah und Fern ist es ein Muss – und eine große Freude –, die vielfältigen Spring- und Dressurprüfungen gespannt zu verfolgen. Ein großes und leistungsstarkes Teilnehmerfeld wird wieder für packende Wettbewerbe sorgen. Zudem können die Zuschauerinnen und Zuschauer neben den anspruchsvollen Reitprüfungen ein großartiges Showprogramm erleben, das viele Facetten des Reitsports widerspiegelt und sicherlich für viel Spaß und Unterhaltung sorgen wird.

Auch der talentierte Nachwuchs wird in Kandern wieder einmal sein Können unter Beweis stellen und Gelegenheit haben, sich auszutauschen und Freundschaften zu pflegen. Die markgräfler Reitsporterfolge bei großen internationalen Turnieren können sich sehen lassen. Doch ist für die jungen Reiterinnen und Reiter bis dahin ein weiter Weg, der im örtlichen Verein beginnt, bevor später vielleicht die Nationalmannschaft ruft.

Ich wünsche allen Besucherinnen und Besuchern an den Turniertagen gute Unterhaltung, allen Teilnehmerinnen und Teilnehmern viel Erfolg und einen erlebnisreichen Aufenthalt in Kandern bei der Jubiläumsveranstaltung »75 Jahre Reitturnier«.

100 Jahre Reit- und Fahrverein

Liebe Reiterinnen und Reiter,
meine sehr geehrten Damen und Herren,

wir in Niedersachsen freuen uns und sind auch ein wenig stolz darauf, dass Nortrup schon seit vielen Jahren Austragungsort von hochkarätigen Reitturnieren ist. In diesem Jahr feiert der Verein sein 100. Jubiläum mit einem besonders abwechslungsreichen und spannenden Programm. Deshalb ist es mir auch ein großes Vergnügen, die Sportlerinnen und Sportler und alle Gäste herzlich zu begrüßen.

Weit über die Grenzen unseres Kreises hinaus wird das Turnier die Freunde des Dressur-, Spring- und Fahrsports wiederum in seinen Bann ziehen. Die Gewähr dafür bieten die leistungsstarken Reiterinnen und Reiter, die sich Jahr für Jahr ein Stelldichein in Nortrup geben. Die Gewähr bieten aber auch die Organisatoren und Sponsoren, ohne deren Einsatz das Jubiläumsprogramm in dieser Form wohl nicht stattfinden könnte. Ihnen gilt deshalb an dieser Stelle mein besonderer Dank.

Die gute Reiterhand hat drei Qualitäten: die Leichtheit (légèreté), die Sanftheit und die Sicherheit.
Francois Robichon de La Guérinière

Der Sport ist ein wichtiger und prägender Teil unserer Gesellschaft. Das gilt für den Breitensport ebenso wie für den Spitzensport. Die Dressur-, Spring- und Fahrturniere in Nortrup zählen zu denjenigen Veranstaltungen in Niedersachsen, die im Reitsport eine herausragende Stellung einnehmen. Wer hier teilnimmt, zählt in Reiterkreisen zur Spitze und ist Vorbild für viele Reiterinnen und Reiter.

In Nortrup steht zunächst der Wettbewerb im Vordergrund; doch das Turnier ist weit mehr als nur ein reiner Leistungsvergleich. Es führt Menschen zusammen, die gemeinsame Interessen haben. Es schafft die Möglichkeit des Austauschs, der Kommunikation und der freundschaftlichen Begegnung, des gemeinsamen Erlebens und der geteilten Freude.

Ich wünsche dem Reit- und Fahrverein Nortrup ein gelungenes Jubiläumsfest zum 100-jährigen Vereinsbestehen. Und ich wünsche allen Teilnehmern viel Erfolg und den Gästen einen angenehmen Aufenthalt beim Jubiläumsturnier in Nortrup.

Ein Leben ohne Feste ist wie ein langer Weg ohne Gasthäuser.
Demokrit

Reit- und Springturnier

Liebe Reiterfreunde!

Der Pferdesport erfreut sich zunehmender Beliebtheit, und selbst lokale Turniere wie das Panroder Turnier sind als Leistungsvergleich willkommene Gelegenheiten zur Dokumentation des Leistungsstandards des heimischen Pferdesports. Dabei begeistert das Können der Reiterinnen und Reiter und das der Pferde gleichermaßen. Die Eleganz der Pferde in der Bewegung und ihr außerordentliches Springvermögen sind ein herrlicher Anblick. Die Harmonie, in der sich Pferd und Reiter dabei befinden, ist ein Beweis für den verantwortungsvollen Umgang miteinander.

Reitturniere in Panrod haben eine lange Tradition und wir haben schon viele interessante und aufregende Wettbewerbe erlebt. Und ich heiße alle pferdesportbegeisterten Zuschauerinnen und Zuschauer herzlich willkommen.

Dieser wunderbare Turnierplatz, eine perfekte Organisation und der Charme dieses Turniers bringen immer wieder viele Reiterinnen und Reiter aus nah und fern mit ihren Pferden nach Panrod. Ein besonderer Gruß und Dank gilt allen Organisatoren und Helferinnen und Helfern dieser Veranstaltung, die dafür sorgen, dass wir wieder ein großartiges Turnier erleben dürfen.

Ich wünsche allen Reiterinnen und Reitern die Erfolge, die sie anstreben, und allen Zuschauerinnen und Zuschauern schöne und erlebnisreiche Turniertage.

Jugendreitertage

Liebe Eltern und Kinder,
verehrte Gäste,

Pferdezucht und Pferdesport haben bei uns in der Region einen hohen Stellenwert. Vor allem junge Menschen – und insbesondere junge Frauen und Mädchen – fühlen sich vom Sportpartner Pferd besonders angesprochen. Das ist eine positive Entwicklung, denn die Beschäftigung mit dem Tier, die Übernahme der Verantwortung schon in jungen Jahren, erzieht und befähigt für eine langfristige verantwortungsvolle Pflege und Hege.

Freude ist, wo Kinder Ponys reiten.
Adalbert Ludwig Balling

Dank der Initiative des Reit- und Fahrverein Atzhausen hat sich in den vergangenen fünf Jahren mit den Jugendreitertagen ein begeisterndes Programm herausgebildet, das Atzhausen zu einem Mekka des Reitsports für junge Menschen hat werden lassen.

Jeden Sommer werden für Kinder im Alter zwischen sechs und zwölf Jahren Wochenendzeltlager angeboten, bei denen neben Spielen und Nachtwanderungen auch täglich die Möglichkeit geboten ist, mit den Pferden zu reiten oder zu voltigieren. Und selbstverständlich stehen neben Geländeausritten auch künstlerische Punkte, wie etwa Papierschöpfen oder Filzen auf dem Programm. So lernen junge Menschen, Kontakte untereinander zu knüpfen und zugleich den Umgang mit den Pferden.

Kinder und Pferde, besonders Mädchen und Pferde – das ist eine ganz besondere Beziehung. Der Reit- und Fahrverein Atzhausen hat es verstanden, diese besondere Beziehung in ein tolles Programm einzubauen und auszuweiten. Den Kindern gefällt es und sie verbringen Tage zusammen, von denen sie noch lange schwärmen werden.

So machen Ferien Spaß und genau den wünsche ich allen Verantwortlichen und Teilnehmern.

Zitate Pferde & Reitsport

Hab also acht, Reiter, auf dich selbst.
Ist dein Pferd stützig, heftig, ungefügig,
so dürfen wir kecklich die Behauptung aufstellen,
dir gebricht es an liebenswürdigem Charakter
und richtiger Methode.
Francois Baucher, 1796–1873, französischer Rittmeister

Reiten ist kein Handwerk, sondern eine Kunst.
Rudolf G. Binding, 1867–1938, deutscher Dichter

Allah nahm eine Hand voll Südwind,
hauchte ihm seinen Atem ein
und erschuf das Pferd.
Aus Arabien

Wer die Wahrheit sagt, braucht ein schnelles Pferd.
Buffalo Bill (William Frederick Cody), 1846–1917, amerikanischer Büffeljäger

Reite nie schneller,
als dein Schutzengel fliegen kann!
Geflügeltes Reiterwort

Dass mir mein Pferd das liebste sei, sagst du, oh Mensch, sei Sünde.
Das Pferd blieb mir im Sturme treu, der Mensch nicht mal im Winde.
Geflügeltes Reiterwort

Die Reiter machen viel Vergnügen, besonders, wenn sie drunten liegen.
Wilhelm Busch, 1832–1908, deutscher Dichter und Maler

Am schnellsten kommt man auf dem Steckenpferd des Vorgesetzten voran.
Rumänisches Sprichwort

Ein Reiter ohne Pferd,
ist nur ein Mensch,
aber ein Pferd ohne Reiter,
ist immer noch ein Pferd.
Geflügeltes Reiterwort

Die wildesten Fohlen werden die besten Pferde.
Dänisches Sprichwort

Wenn nur der Kutscher klar sieht, dann wird auch mit blinden Pferden das Ziel erreicht.
Johann Nepomuk Nestroy, 1801–1862, österreichischer Dramatiker

Wenn das Pferd tot ist, kommt der Hafer zu spät.
Deutsches Sprichwort

Was rühmst du deinen schnellen Ritt?
Dein Pferd ging durch und nahm dich mit.
Emanuel Geibel, 1815–1884, deutscher Lyriker

Beim Reiten erkennt man das Pferd, beim Reden den Menschen.
Indianische Weisheit

Pferderennen gibt es nur, weil es Meinungsverschiedenheiten gibt.
Mark Twain, 1835–1910, amerikanischer Schriftsteller

Wenn der Mensch je eine große Eroberung gemacht hat, so ist es die, dass er sich das Pferd zum Freunde gewonnen hat.
Georges Louis Leclerc, comte de Buffon, 1707–1788,
französischer Naturforscher

Ein wertvoller Mensch steht zu seinem Wort,
ein wertvolles Pferd zu seinem Wesen.
Mongolisches Sprichwort

Schützen & Schießsport

Gut 1,5 Millionen Männer und Frauen sind in den insgesamt 15140 Schützenvereinen organisiert. Sie haben Freude am Schießsport in verschiedensten Variationen und sie haben Ehrgeiz, aus vielen Stellungen heraus treffsicher ein Ziel anzuvisieren und einen guten Schuss möglichst ins Schwarze zu setzen. Und nach dem Wettkampf kommt die Geselligkeit auch nicht zu kurz.

Viele Schützenvereine sind Ausrichter von erlebnisreichen Schützenfesten, vor allem, wenn runde Jubiläumsfeiern der zum Teil jahrhundertealten Traditionsvereine anstehen. Dann ist ein gutes Grußwort angesagt, um zu gratulieren.

Schützenvereinsjubiläum

Liebe Schützenfreunde!

Wir leben in Zeiten, die sich sehr schnell verändern und rasant wandeln: Traditionen brechen weg, Generationen driften auseinander, der familiäre Verbund und Zusammenhalt löst sich auf. Was unseren Vorfahren noch vor wenigen Jahrzehnten Geborgenheit, Halt und Sicherheit gegeben hat, ist immer mehr auf dem Rückzug. Unser Leben verändert sich in immer kürzeren Abständen. Und weil es immer unverbindlicher wird, nimmt auch die persönliche Verbindlichkeit in erschreckendem Maße ab. Zunehmend weniger Menschen sind bereit, sich über einen längeren Zeitraum zu engagieren, Verantwortung zu übernehmen, mitzudenken und mitzugestalten.

Tradition pflegen heißt nicht, Asche aufbewahren, sondern Glut am Glühen halten.
Jean Jaurès

Nun steht die Schützenzunft Waren/Müritz von 1674 nicht gegen den Zeitgeist, aber es ist ihr in der zurückliegenden Zeit seit der Wende schon gelungen, die Tradition nach 49 Jahren Unterbrechung wieder aufzunehmen, sie fortzuführen und zu bewahren. Die Vereinstätigkeit der Schützenzunft umfasst heute wieder alle Generationen, und die Schützenfeste in Waren bestimmen einmal im Jahr das städtische gesellige Leben. Und was anderen Orts auseinander zufallen droht, kommt hier gerade zusammen. Das Gemeinschaftliche verbindet Jung und Alt, und es umfasst die gesamte Ortschaft. Seine Bedeutung ist deshalb nicht zu unterschätzen.

Darum ist der Schützenzunft Waren/Müritz von 1674 zu ihrem Jubiläum von Herzen zu gratulieren. Die Verantwortlichen verdienen für ihr Engagement Dank und Anerkennung. Der Wandel der Zeit geht an niemandem vorbei, entscheidend aber ist, wie man sich auf die Veränderungen einstellt und sie auffängt. Und da wünsche ich auch weiterhin eine glückliche Hand.

Auf das Jubiläum freue ich mich sehr und wünsche allen Beteiligten schon jetzt ein gutes Gelingen.

75 Jahre Schützenverein

Liebe Mitglieder des Schützenvereins,
liebe Obercrinitzer Bürgerinnen und Bürger,

Schützen sind gesellige Menschen. Sie treffen sich, um im fairen Wettstreit miteinander herauszufinden, wer die ruhigste Hand, das schärfste Auge, den sichersten Stand und die beste Tagesform hat – und der- oder diejenige gewinnt. Wird Schützenkönig oder Schützenkönigin und wird im Verein, in der Gilde und im Dorf geehrt.

Man wünschte sich bisweilen, dieses hehre Wettkampfprinzip der in den Schützenvereinen organisierten Menschen würde immer dann angewendet, wenn größere Konflikte und Auseinandersetzungen drohen. Dann wäre schon viel Unheil verhindert worden!

Mehr noch, Schützen sind nicht nur Wettkämpfer, sie feiern auch gerne. Und laden dazu ebenso gerne fröhliche Gäste zum Mitfeiern ein. Auch diese Tugend von Schützenschwestern und Schützenbrüdern ist beispielgebend und gerne gesehen.

Je lieber die Gäste, desto schöner die Feste.
Sorbisches Sprichwort

Der Schützenverein »Tell« Obercrinitz steht in bester Tradition dieser guten Tugenden derjenigen, die treffsicher schießen und ausgelassen feiern können. Er veranstaltet dieses Jahr das Kirmes- und Heimatfest in Crinitzberg, und dies verbunden mit seinem 75. Geburtstag. Ein rundes Jubiläum, ein tolles Fest – ich beglückwünsche die Obercrinitzer Bürgerinnen und Bürger zu diesem großartigen Verein. Es wird ohne jeden Zweifel ein besonderes Ereignis, bei dem Gemeinschaft gepflegt, Freundschaften begründet und Kontakte geknüpft werden.

Ich wünsche Ihnen allen ausgelassene und fröhliche Feiertage. Dem Verein übersende ich herzliche Glückwünsche: Gut Schuss, mindestens bis zum 100. Jubiläum!

100 Jahre Schützenverein

Liebe Schützen!

Die Geschichte hat es vielfach bewiesen: Es braucht eine Idee und es braucht einige entschlossene Männer und Frauen, bis ein Verein entsteht. In diesem Falle der Schützenverein Elkeringhausen. Das war vor genau 100 Jahren. Ich beglückwünsche Sie alle zu diesem großen Jubiläum: Das Dorf Elkeringhausen kann stolz sein auf diesen Verein!

Hier gilt es, Schütze,
deine Kunst zu zeigen:
Das Ziel ist würdig,
und der Preis ist groß.
Friedrich Schiller

Dieser Traditionsverein des Sauerländer Schützenbundes hat es sich in seiner 100-jährigen Geschichte zur ehrenvollen Aufgabe gemacht, die Tradition zu erhalten, den Schießsport zu fördern und über die Grenzen von Winterberg und dem Sauerland hinaus populär zu machen.

Hier in Elkeringhausen ist der Schützenverein tragende Einrichtung des dörflichen Miteinanders. Ob kirchliche Prozession oder Gedenkveranstaltung, ob Karneval oder Kartoffelbraten und nicht zu vergessen das jährliche Vogelschießen – der Schützenverein ruft Alt und Jung, Arm und Reich, Mann und Frau zusammen zur gemeinsamen Feier, zum Miteinander, zur Geselligkeit.

Unser Land hat ohne Zweifel sehr vielschichtige Probleme. Und die gehen auch nicht an Elkeringhausen, an Winterberg oder am Sauerland vorbei. Im Gegenteil. Ich bin aber sicher, dass das große und zukunftsorientierte Engagement der Bürgerinnen und Bürger im Schützenverein Elkeringhausen 1905 e.V. dazu beitragen wird, das Gute aus der 100-jährigen Geschichte zu bewahren, auf dem Traditionellen aufzubauen und Neues zu schaffen.

Ich möchte die Mitglieder des Vereins ermuntern und auffordern, den Elan und Schwung, der vor 100 Jahren zur Gründung des Schützenvereins führte, aufzugreifen und zu bewahren. Dann blicken Dorf und Verein in eine gute Zukunft.

Einweihung eines Schützenhauses

Liebe Burgstädter Schützen,

es ist ein besonders erfreulicher Anlass, der uns heute zusammengeführt hat: Sie weihen Ihr neues Schützenhaus ein, das Sie mit viel Mühe, mit viel Einsatzbereitschaft und Engagement in den zurückliegenden zwei Jahren errichtet haben.

Gemeinschaft macht stark! Diese Volksweisheit hat sich hier in Burgstädt einmal mehr bestätigt. Alle haben mit angepackt, einige sogar besonders. Und alle waren sich einig: Wir wollen uns ein modernes, technisch gut ausgerüstetes Schützenhaus bauen, in dem wir Schützen unsere Wettkämpfe austragen können und in dem wir uns wohlfühlen und unsere Gemeinschaft ein Zuhause hat.

Verehrte Gäste, in den Zeiten, in denen wir leben, gewinnt Gemeinschaft eine neue Bedeutung. Was haben wir nicht alles für Wellen erlebt, die vor allem nach der Wende über uns hinweggeschwappt sind: Individual-Trip, Selbstverwirklichungskurse, die Ich-Findung, die innere Emigration und viele Wellen mehr. Sie alle haben doch nur von einem abgelenkt: Die Menschen suchen und brauchen das Miteinander, die Gemeinschaft. Goethe hat in seinem berühmten Schriftwechsel mit Eckermann einmal formuliert:

»Es ist nicht gut, dass der Mensch alleine sei, und besonders nicht, dass er alleine arbeite; vielmehr bedarf er der Teilnahme und Anregung, wenn etwas gelingen soll«.

Das war 1830. Heute, 175 Jahre später, hat dieser Satz nichts an Aktualität verloren. Im Gegenteil, er passt wunderbar zu dem, was Sie hier in Burgstädt vollbracht haben: Sie haben eine großartige Leistung geschafft und gemeinsam dieses tolle neue Schützenhaus errichtet.

Wer nichts getan hat, ist niemand.
Jean-Paul Sartre

Er schießt oft über das Ziel hinaus, aber selten daneben.
Karl Kraus

Ein wenig mitgeholfen haben auch der Landkreis und der Freistaat – sie haben nämlich Geld gegeben, ohne das auch ein noch so leistungsstarker Verein nicht auskommt. Alles zusammengerechnet wurde die stolze Summe von fast 360 000 Euro aufgebracht, um das neue Schützenhaus so herzurichten, wie wir es heute bewundern können. Moderne Technik wurde eingebaut, mit der Sie Vorreiter sind für Ihre befreundeten Vereine: Mit 12 Luftgewehrständen und den 10 elektronischen Kleinkaliberständen haben Sie heute eine der modernsten Anlagen in ganz Westsachsen. Wenn nicht sogar DIE modernste!

Ich beglückwünsche Sie zu dieser großartigen Leistung. Und ich sage Ihnen allen Dank. Dank für das großartige Engagement. Dank für die gelebte Gemeinschaft und das Vorbild, das Sie jungen Menschen gegeben haben und geben. Wenn es nicht Ehrenamtliche gäbe, sondern nur diejenigen, die aufs Geld schauen und denen der Einsatz für alle zu viel ist, dann wäre unsere Gesellschaft um so vieles ärmer.

Ich bin froh, dass wir Vereine wie den Schützenverein Burgstädt haben, die das Miteinander pflegen. Ich wünsche Ihnen allen im neuen Schützenhaus immer »gut Schuss«, immer eine ruhige Hand, ein scharfes Auge und vor allem viel Freude und Spaß miteinander in den Reihen der Schützen.

Kreisschützenball

Sehr geehrter Herr Kreisschützenmeister,
verehrte Gäste, liebe Schützen,

man soll es ja kaum glauben, aber die Schützen haben in unserem täglichen Sprachgebrauch schon länger einen angestammten Platz. Wenn beispielsweise etwas sehr komisch ist, dann finden wir das »zum Schießen«. Weniger gut ist es dagegen, wenn jemand »einen Bock geschossen hat«. Häufig bekommt der dann auch noch einen »Schuss vor den Bug«. »Weitab vom Schuss« kann man hingegen auch sehr leicht sein. Und gefährlich wird es, wenn man »jemandem vor die Flinte läuft«. Da kann man dann leicht »in die Schusslinie geraten«.

Sie sehen, verehrte Gäste, wer gut deutsch miteinander redet, hat auch einige gute Ausdrücke der Schützen dabei. Das kommt ja auch nicht von ungefähr, denn Schützenvereinigungen haben durch die Jahrhunderte ihren Platz in der Geschichte. Mal kriegerisch, meist aber bei der Jagd.

Schützenvereine und Schützenkreis halten diese lange Tradition am Leben. Wenn sich auch die Sportgeräte der Schützen gewandelt haben, so geht es doch immer darum, im fairen und friedlichen Wettkampf zu ermitteln, wer der oder die Beste ist. Und da sind es nur einige Millimeter zwischen Königstreffer und Fahrkarte.

Sie haben im Schützenkreis 6 Merzig Ihre Besten ermittelt. Heute nun werden die Pokale überreicht und mit einem Kreisschützenball gefeiert. Verbunden mit dem Dank für die Einladung wünsche ich Ihnen, dass Ihr Schützenkreis »gut in Schuss« bleibt und weiterhin erfolgreich ist. Und für den Kreisschützenball wünsche ich Ihnen und uns allen viel Vergnügen.

50. Jubiläum des Kreisjagdvereins

Liebe Mitglieder des Kreisjagdvereins Wolfhagen,

seit einem halben Jahrhundert ist der Kreisjagdverein Wolfhagen e.V. mehr als nur symbolische Heimat für viele Jägerinnen und Jäger. Er ist Plattform mit einem reichhaltigen Betätigungsfeld für junge und ältere Jagdschein- und Revierinhaber, für Jagd- und Naturfreunde und für Freunde der Jagdmusik.

Die Suche nach Sündenböcken ist von allen Jagdarten die einfachste.
Dwight D. Eisenhower

Wenn dein Ziel groß ist und deine Mittel klein, handle trotzdem. Durch dein Handeln allein werden auch deine Mittel wachsen.
Sri Aurobindo

Nordhessen – so nennen wir unsere wundervolle naturnahe Kulturlandschaft im Landkreis Kassel-Land. Ein ideales Terrain für Jägerinnen, Jäger und Naturfreunde. Landwirtschaftlich genutzte Flächen, insbesondere in den Talauen der Flüsse, wechseln sich ab mit großflächigen Mischwäldern, die dem Wild noch ausreichend Raum zum Leben und hinreichend Deckung bieten. Eine echte Herausforderung also für die Mitglieder des Kreisjagdvereins.

Auf die Chatten, vormals ein wehrhafter Volksstamm in Nordhessen, gehen Tugenden wie Standhaftigkeit, Verlässlichkeit, Bodenständigkeit und ein Stück weit auch Beharrungsvermögen zurück. Es sind dies Tugenden, die noch heute die Jagd in unserem Landstrich prägen. Die Jägerschaft im Landkreis Kassel jagt im Sinne des Nachhaltigkeitsprinzips auf Niederwild, Schwarz- und Rotwild. Lauter Wild, auf das ich als Jäger selber auch gerne waidwerke.

Doch die Jagd allein ist es nicht, die im Kreisjagdverein zusammenführt. Den Mitgliedern ist es auch wichtiges Anliegen, die Tier- und Pflanzenwelt unserer Heimat und deren Lebensraum zu erhalten. Ihr Tun verbindet Tier- und Umweltschutz. Und natürlich eint sie die Gemeinschaft Gleichgesinnter.

Der Kreisjagdverein ist Heimat und bietet Heimat. Wer hier aufgenommen ist, weiß sich unter Seinesgleichen gut aufgehoben. Und weil dies so ist, wird zusammen gefeiert, Jagdhorn geblasen, gefachsimpelt und Erfahrungen über Waffen, Hunde und viele jagdliche Themen mehr ausgetauscht.

Ich beglückwünsche den Kreisjagdverein zu seinem 50. Jubiläum. Und ich wünsche Ihnen allen eine starke Gemeinschaft, gute Freundschaft und allzeit Waidmannsheil.

Landesjägertag

Sehr geehrter Herr Präsident,
meine sehr geehrten Damen und Herren,

herzlich willkommen in Hessens waldreichstem Landkreis. Fast die Hälfte des Kreises, in dem Sie sich alle heute versammelt haben, ist Waldfläche. Grün dominiert bei uns! Natürliches Grün, nicht das politische! Und das hat Gründe. Wir unternehmen erhebliche Anstrengungen, um unsere natürlichen Lebensgrundlagen zu erhalten. Ein besonderes Augenmerk gilt unseren Aue-Gebieten. Umfangreiche Renaturierungsmaßnahmen wurden bereits realisiert. Weitere befinden sich in der Planung. Es ist dies eine Art Wiedergutmachung an Mutter Natur.

Lange Zeit wurden Bach- und Flussläufe begradigt, in enge Betten oder sogar Röhren gezwungen und wir beklagten anschließend immense Hochwasserschäden. Heute geben wir der Natur zurück, was wir ihr früher genommen haben. Wasser braucht Raum, Retensionsfläche.

Doch nicht nur beim Wasser hat ein Umdenken eingesetzt. Auch bei der Waldbewirtschaftung hat sich einiges geändert. Insbesondere nach den großen Windwürfen in den 80er- und 90er-Jahren des vergangenen Jahrhunderts hat eine neue Art der nachhaltigen Bewirtschaftung eingesetzt. Weiträumiger, platzgreifender Mischwald statt Monokulturen auf Flickerl-Stücken, heimische Hölzer statt exotischer Plantagen – auch hier sind wir auf gutem Weg.

Und das Wild? Auch das Wild braucht Raum. Wer weiß dies besser als Sie und wir alle, die Mitglieder der Jagdvereine. Birkhuhn und Auerhahn benötigen – wie auch der Feldhase und das Rebhuhn – spezielle Lebensräume und Lebensumstände, die in der touristisch und sportlich genutzten Kulturlandschaft selten geworden sind. Und selten sind daher auch diese Tiere in unserer Wildbahn geworden.

Wenn die Schützen sich streiten, ist der Bär geborgen.
Norwegisches Sprichwort

Die Jagd auf Sündenböcke kennt keine Schonzeit.
Lothar Schmidt

Ganz anders stellt sich die Situation bei den Sauen und Füchsen dar. Sie sind die Gewinner dieser vom Menschen gestalteten Kulturlandschaft. Totes Kleinwild an den Straßenrändern ernährt die Füchse bestens. Große Mais-Schläge geben dem Wildschwein Nahrung im Überfluss und hervorragende Deckung. Kein Wunder, dass die Bestände Überhand nehmen, obwohl wir sie intensiv bejagen. Ich selber habe ja gottlob eine Waldjagd gepachtet; aber ich weiß sehr genau, wie die Jäger von Feldjagden mit der explodierenden Wildschweinepopulation und den daraus resultierenden Wildschäden zu kämpfen haben. Dies alles, verehrte Jägerinnen und Jäger, ist Ihnen geläufig.

Wir im Landkreis Hersfeld-Rotenburg als dem mit 45,6 Prozent Waldanteil waldreichsten Gebiet im Land Hessen wissen sehr wohl um die Notwendigkeiten der modernen Forstwirtschaft, um die Anforderungen an eine nachhaltige Bewirtschaftung und um die Schätze von Mutter Natur, die wir bewahren wollen.

Die Arbeit der Jägerinnen und Jäger ist Arbeit für die Natur und sie ist Arbeit für die Kreatur. Viel zu oft wird die Arbeit der Jäger wenig sachgerecht und sehr emotional dargestellt oder sogar bewusst manipuliert. Der Jäger ist kein Wild-Mörder. Ganz im Gegenteil! Der Jäger, die Jägerin, sorgen dafür, dass Natur und Kreatur im Einklang miteinander stehen.

Den Säuen fehlen die natürliche Feinde, die den Bestand regulieren. Und zu viele Füchse sind des Hasen Tod! Wobei die Fuchs-Populationen durch die Tollwutimpfungen zu- und die Hasenpopulationen dadurch und durch veränderten Lebensraum abnehmen. Hier muss der Mensch regulierend eingreifen. Die heutige Kulturlandschaft ist schließlich Menschenwerk und von diesen zu verantworten.

Es ist Aufgabe der in den Jagdvereinen und im Landesjagdverband Hessen organisierten Jägerinnen und Jäger, diese Notwendigkeiten und Aufgaben der Öffentlichkeit zu vermitteln.

Das Wissen insbesondere junger Menschen um Natur und Kreatur nimmt rapide ab. Kinder – insbesondere Stadtkinder – haben erschreckende Wissenslücken:

- Milch kommt aus dem Tetra-Pack,
- Marder leben im Motorraum von BMW und Mercedes,
- Bullen sind grün, Kühe sind lila,
- eine Wildsau ist ein Verkehrsraudi und
- ein Reh ist ein kleiner Hirsch.

Pisa lässt grüßen! Ich begrüße es sehr, dass es sich die Jagdverbände zur Aufgabe gemacht haben, vor allem jungen Menschen Natur, Wald, Wild, Hege und Pflege näher zu bringen und Verständnis für das Waidwerk zu wecken.

Ja, wir Jäger können und tun viel mehr als nur schießen. Und wir wollen auch mehr: Wir wollen, dass wir Menschen uns noch lange an unserer Natur und den darin lebenden Tieren und Pflanzen erfreuen können. Dafür streiten wir.

Ich wünsche Ihrer Versammlung einen guten, harmonischen Verlauf.

Zitate Schützen & Schießsport

Erfolgreich zu sein setzt zwei Dinge voraus: Klare Ziele und den brennenden Wunsch, sie zu erreichen.
Johann Wolfgang von Goethe, 1749–1832, deutscher Dichter

Wer das Ziel kennt, kann entscheiden.
Wer entscheidet, findet Ruhe.
Wer Ruhe findet, ist sicher.
Wer sicher ist, kann überlegen.
Wer überlegt, kann verbessern.
Konfuzius, 551–479 v. Chr., chinesischer Philosoph

Sprechen, ohne zu denken, ist wie schießen, ohne zu zielen.
Aus England

Lernen Sie schießen und treffen Sie Freunde!
Moderne Satire unter Schützen

Manche Leute drücken nur ein Auge zu, damit sie besser zielen können.
Billy Wilder, 1906–2002, Regisseur und Drehbuchautor

Der Langsamste, der sein Ziel nicht aus den Augen verliert, geht noch immer geschwinder als jener, der ohne Ziel umherirrt.
Gotthold Ephraim Lessing, 1729–1781, deutscher Schriftsteller

Besser einander beschimpfen als einander beschießen.
Sir Winston Churchill, 1874–1965, britischer Politiker und Schriftsteller

Eine der fröhlichsten Erfahrungen im Leben ist es, als Zielscheibe zu dienen, ohne getroffen zu werden.
Sir Winston Churchill, 1874–1965, britischer Politiker und Schriftsteller

Siege, die mit unfairen Mitteln errungen wurden, sind schlimmer als Niederlagen.
Prof. Willi Daume, 1913–1996, deutscher Sportfunktionär, NOK-Präsident

Das Talent gleicht dem Schützen, der ein Ziel trifft, welches die Übrigen nicht erreichen können, das Genie dem, der eines trifft, bis zu welchem sie nicht einmal zu sehen vermögen.
Arthur Schopenhauer, 1788–1860, deutscher Philosoph und Schriftsteller

Ich glaube, dass die Ungeduld, mit der man seinem Ziele zueilt, die Klippe ist, an der gerade oft die besten Menschen scheitern.
Johann Christian Friedrich Hölderlin, 1770–1843, deutscher Dichter

Wandern & Natur

In unserer hektischen Zeit suchen viele Menschen nach Entspannung und Ausgleich. Sie finden recht bald zum Wandern. Denn die Bewegung an der frischen Luft in der Natur ist eine Wohltat für Körper und Psyche. In den vergangenen zehn Jahren hat sich das Wandern wieder zu einer der beliebtesten Freizeitsportarten entwickelt.

Gerade in Herbst und Frühling lädt die Natur zu ausgedehnten Spaziergängen und Wanderungen ein und viele Naturbegeisterte folgen dieser Einladung. Einzeln oder aber organisiert in einem der zahlreichen Wandervereine, die es zum Teil schon seit mehr als 100 Jahren gibt.

Volkswanderung

Liebe Wanderfreunde,
liebe Inline-Skater und Radfahrer,

Wandern – das ist heute weit mehr, als nur in Gruppen durch die Natur zu marschieren. Wanderveranstaltungen erfreuen sich steigender Beliebtheit und besonders jüngere Leute lieben das stramme Laufen auf Schusters Rappen durch Wald und Feld. Doch das Wandern hat auch einige ganz andere gute Freunde gewonnen: Da sind zum einen die Radfahrerinnen und Radfahrer, die sich mit den Wanderern zusammentun. Und da sind zum anderen die Gruppen der Inline-Fahrer und -Fahrerinnen, die sich ebenfalls ein Stelldichein geben, wenn Volkswandern angesagt ist.

Das ist kein Wunder, denn viele Wander- und Radwege sind kombinierte Rad-Wander-Wege, auf denen die Acht-Rollen-Fahrer, die Zweiradfahrer und die Wanderer gemeinsam unterwegs sind. Und bevor man sich um die »Lufthoheit« auf dem Weg streitet, tut man sich lieber zusammen und ist friedlich vereint gemeinsam unterwegs. Recht so!

Genauso wird es auch am Wochenende wieder sein, wenn der Rheingau-Wanderclub Eltville zum fünften Mal zum Volkswandertag einlädt. Erwartet werden wieder weit über 200 Teilnehmerinnen und Teilnehmer, die sich auf die 30 Kilometer Rad-, 20 Kilometer Inliner- und 12 Kilometer Wanderstrecke begeben werden.

Die einen nehmen aus Spaß an der Freude teil, andere laufen oder fahren nur einfach mit, weil sie gesellig sind und sich ein bisschen bewegen möchten, um ein paar Pfunde loszuwerden. Und einige werden wieder viel Ehrgeiz entwickeln, um die ausgelobten Pokale und Urkunden zu erkämpfen.

Doch ganz gleich, welche Motivation jeden Einzelnen antreibt, Spaß, Unterhaltung, Geselligkeit, Gemeinsamkeit und gute Laune stehen eindeutig im Vordergrund dieser immer beliebteren Veranstaltung im schönen Rheingau.

Allen Teilnehmerinnen und Teilnehmern wünsche ich ein erlebnisreiches Wander- und Fahrvergnügen, viel Spaß und Freude an der Bewegung in der herrlichen Natur des Rheingaus und zum Abschluss ein geselliges Fest mit »Wein, Weib und Gesang«.

Volkswander-Wochenende

Liebe Mitglieder der Wandervereinigung Hundsrück,
liebe Wanderfreunde,

wir können uns heutzutage vor Angeboten zur Freizeitgestaltung kaum noch retten. Von »Fit & Fun« bis »Power-Walking« gibt es fast nichts, was es nicht gibt, um uns unsere Freizeit ja nicht langweilig werden zu lassen. Natürlich sind diese Angebote nicht kostenlos, aber alle sind selbstredend »best-price«-optimiert und werben mit enormen Rabatten. Hauptsache wir kommen und zahlen!

Wandern ist da ganz anders. Es kommt nicht marktschreierisch als »Wellness«-Programm daher, es ist auch kein großartiges »Health- oder »Relaxweekend«, wenn zu einem Volkswandern am Wochenende eingeladen wird. Wandern ist Freude pur! Wandern ist Freude am Laufen in freier Natur, Spaß daran, in guter Luft und bei Sonnenschein durch Wald und Feld zu gehen, sich zu bewegen, sich zu entspannen, gut zu unterhalten und zu treffen.

Wandern lässt den Menschen die Natur erleben und allen Alltagsstress vergessen. Körper und Geist tanken neue Kräfte. Genau deshalb ist Wandern so beliebt. Es ist kostenlos, aber nicht umsonst, denn es fördert den Kreislauf, stärkt Herz- und Gefäßsysteme. Zudem macht es Spaß, selbstgesteckte Ziele zu erreichen und auch schwierige Strecken zu bewältigen und die eigenen Grenzen auszuloten. Und vor allem macht

Die deutsche Wanderlust geht zuletzt aus dem abenteuerlichen Sehnen nach einem idealen Land hervor.
Gustav Freytag

Am Ziel deiner Wünsche wirst du jedenfalls eines vermissen: dein Wandern ans Ziel.
Marie von Ebner-Eschenbach

Wandern eines: Es bringt Menschen zusammen, lässt sie Spaß und Freude miteinander haben, fördert die Kommunikation und lässt Freunde finden.

All dies wird auch das 25. Volkswandern am kommenden Wochenende wieder bieten, zu dem die Wandervereinigung Hunsrück e.V. eingeladen hat. Sicherlich werden wieder viele hundert begeisterte »Naturburschen und –mädel« dem Ruf folgen und gemeinsam auf den »Pfaden des Schinderhannes« im Hunsrück unterwegs sein.

Ich wünsche Ihnen und uns allen viel Vergnügen. Eine herrliche Natur, wundervolle Panoramablicke und gut ausgebaute Wanderwege mit einladenden Stationen werden das Wanderwochenende wieder zu einem besonderen Erlebnis werden lassen. Wer braucht schon einsames »Power Walking«, wenn man gemeinsam und mit viel Spaß zusammen wandern kann!

Winterwanderungsjubiläum

Verehrte Gäste,

»Das Wandern ist des Müllers Lust ...« - so wird es in einem alten deutschen Wanderlied gesungen. Das war mal richtig. Doch heute greift das Lied zu kurz. Wandern ist längst nicht mehr nur »des Müllers Lust«, nein, auch Mayer und Schulze wandern sehr gerne, ebenso Möller und Wagner, Becker und Schmidt in allen Schreibweisen wandern ausgesprochen gerne. Auch ich selber bin gerne in der schönen Natur unserer Heimat unterwegs.

Und ich bin gerne heute hier, bei Ihnen, den Wanderern, den Naturliebhabern, den Freundinnen und Freunden der Landschaft, der Weite, der Heimat. Ich freue mich, dass die heutige Winterwanderung so viele Wanderer und Naturliebende in unsere schöne Region geführt und gelockt hat.

Sie alle genießen die wunderbare Natur hier in der Niederlausitz, die unverbrauchte Natur, die liebenswerten und gastfreundlichen Menschen, die hier leben. Gute Luft und eindrucksvolle Panoramabilder der charakteristischen Hügel und die grüne Pracht der Wälder gibt es bei uns gratis. Das ist besser, gesünder und anspruchsvoller als jedes Fernsehprogramm.

Ich überbringe Ihnen die herzlichen Grüße des Landkreises und des Landrats, für den ich heute bei Ihnen bin, und füge meine eigenen besten Wünsch an. Und ich sage schon einmal vorab herzlich Dank allen Wanderfreunden, die bei der Planung, Vorbereitung und Durchführung der Winterwanderung mitgewirkt haben. Insbesondere gilt dies den fleißigen Mitgliedern des IVV-Wandervereins Renningen–Malmsheim. Vor allem für die Gestaltung des Programms der Siegerehrung hier im Wandertreff.

Ich hoffe, dass alle Wanderbegeisterten und Gäste einen interessanten, lehrreichen und geselligen Tag erlebt haben und einen geselligen Nachmittag haben werden. Und nun wollen wir diejenigen auszeichnen, die bei der heutigen Winterwanderung des IVV-Wandervereins Renningen–Malmsheim gesiegt haben:

Jubiläum Rhönklub-Zweigverein

Herr Vorsitzender,
liebe Freunde der Rhön,

Wandern, also die Freude an Natur und Bewegung, ist in unserer Region besonders beliebt und hat eine lange und gewachsene Tradition. Wandern ermöglicht das Kennenlernen der Heimat, Wandern erschließt die Natur und macht sie erlebbar in ihrer ganzen Vielfalt, die unsere naturnahe Kulturlandschaft bietet.

Zu unserer Natur gehört die Bewegung. Die vollkommene Ruhe ist der Tod.
Blaise Pascal

Den Augenblick immer als den höchsten Brennpunkt der Existenz, auf den die ganze Vergangenheit nur vorbereitete, ansehen und genießen, das würde Leben heißen!
Friedrich Hebbel

Die Rhön ist mit zahlreichen Wanderwegen, Hütten und Wanderheimen, mit Rast- und Grillplätzen überzogen. Für Wanderfreunde bietet dieses dichte Netz ein fast unbegrenztes Reservoire an Ausflugs-, Erlebnis- und Erholungsmöglichkeiten. Alle diese Einrichtungen zeugen von den Leistungen und dem Einsatz der organisierten Wanderer. Die große Familie der Rhönklub Zweigvereine macht sich darüber hinaus seit eh und je um Umweltschutz und Landschaftspflege verdient.

Dass dieses begeisterte Engagement nach der Wende in Thüringen wieder erwachte und weiterhin sehr lebendig ist, zeigt das 15-jährige Bestehen des Zweigvereins Breitungen. Im Namen des Biosphärenreservats Rhön und persönlich gratuliere ich dem Vorstand, den Mitgliedern sowie allen Freunden des Zweigvereins Breitungen zu diesem Jubiläum sehr herzlich.

Der Zweigverein Breitungen hat sich in den vergangenen 15 Jahren große Verdienste um die Wanderfreunde nicht nur im Thüringer Teil der Rhön erworben. Dabei denke ich vor allem an die Betreuung von 70 Kilometern Wanderwegen und die Unterhaltung von Schutzhütten, Sitzgruppen und Wegmarkierungen.

Und auch mit dem vielfältigen Angebot an Naturerkundungen, Naturbeobachtungen und kulturhistorischen Reisen vor allem auch für Senioren und Familien hat der Verein Vorbildliches geleistet. Insbesondere die Eröffnung des »Wagner-Gedenkwegs« darf dem Verein als besonderes Verdienst zugeschrieben werden.

Ich bin überzeugt, dass der Zweigverein Breitungen des Rhönklubs auch in den kommenden Jahren seinen engagierten Einsatz zum Wohle der Wanderfreunde fortsetzen wird. Ich wünsche den Jubiläumsfeierlichkeiten einen guten Verlauf und allen Vereinsmitgliedern auch in Zukunft viel Freude an gemeinsamen Aktivitäten.

Zitate Wandern & Natur

Die zur Wahrheit wandern, wandern allein.
Christian Morgenstern,1871–1914, deutscher Dichter und Schriftsteller

Man muss durch die Nacht wandern, wenn man die Morgenröte sehen will.
Khalil Gibran, 1883–1931, libanesischer Schriftsteller und Künstler

Bücher lesen heißt wandern gehen in ferne Welten, aus den Stuben, über die Sterne.
Jean Paul, 1763–1825, deutscher Dichter

Als ob Kunst nicht auch Natur wäre und Natur Kunst!
Christian Morgenstern,1871–1914, deutscher Dichter und Schriftsteller

Der Sinn des Reisens ist es, an ein Ziel zu kommen, der Sinn des Wanderns, unterwegs zu sein.
Theodor Heuss, 1884–1963, 1. Bundespräsident der BRD

Blumen sind die Liebesgedanken der Natur.
Bettina von Arnim,1785–1859, deutsche Schriftstellerin

Seltsam, im Nebel zu wandern!
Leben ist Einsamsein.
Kein Mensch kennt den andern,
Jeder ist allein.
Hermann Hesse, 1877–1962, deutscher Schriftsteller

Wer wandernd nicht Gefährten trifft,
die besser, oder doch ihm gleich,
zieh einsam fest die Straße fort –
Gemeinschaft gibt's mit Toren nicht.
Siddhartha Gautama, 563–483 v. Chr., Begründer des Buddhismus

Es gehört zum Begriff des Spazierengehens,
dass man keinen ernsthaften Zweck damit verbindet.
Wilhelm von Humboldt, 1767–1835, deutscher Gelehrter und Staatsmann

Die Landschaft erobert man mit den Schuhsohlen, nicht mit den Autoreifen.
Georges Duhamel, 1884–1966, französischer Schriftsteller

Die Deutschen sind das wanderfreudigste Volk der Welt.
Hannes Gasser, 1933–1996, österreichischer Bergführer und Expeditionsleiter

Das Elend des Menschen liegt darin, dass er in der Gesellschaft Trost suchen muss gegen die Leiden, die die Natur ihm zufügt, und in der Natur Trost gegen die Leiden der Gesellschaft.
Sébastien Roch de Chamfort, 1741–1790, französischer Dramatiker

Freude am Schauen und Begreifen ist die schönste Gabe der Natur.
Albert Einstein, 1879 –1955, deutscher Physiker und Nobelpreisträger

Der Mensch ist ein Exempel der beispiellosen Geduld der Natur.
Christian Morgenstern,1871–1914, deutscher Dichter und Schriftsteller

Die Natur ist ein Brief Gottes an die Menschheit.
Plato, 427–348 v. Chr., griechischer Philosoph

Es gibt nur eine Heilkraft, und das ist die Natur.
Arthur Schopenhauer, 1788–1860, deutscher Philosoph

Die Natur liebt es, sich zu verbessern.
Heraklit von Ephesus, etwa 540–480 v. Chr., griechischer Philosoph

Musik & Gesang

700 000 Sängerinnen und Sänger in 22 000 Chören, 1,3 Millionen Musiker sind in einigen tausend Orchestern organisiert und sorgen für reichlich Klang und Stimme in Deutschland. Und wir alle erfreuen uns daran, denn es wird für jeden etwas Passendes geboten. Die einen mögen das Singen, die anderen mehr den Swing mit Rhythmus.

Wie auch immer, alle zusammen mögen die Gemeinschaft, das Miteinander und die Geselligkeit. Ein Jubiläum, ein Fest ist ein solcher Anlass, um zusammen zu feiern. Und wenn dann noch eine gelungene Rede hinzukommt, ist der Festkommers perfekt.

Jubiläum Männergesangverein

Sehr geehrter Herr Vorsitzender,
Herr Bürgermeister,
meine sehr geehrten Damen und Herren,

es ist ein stolzes Jubiläum, das der Männergesangverein Leutersbach feiert. Und ich überbringe Ihnen daher als Landrat sehr gerne die herzlichen Glückwünsche der Gremien des Landkreises, denen ich ebenso gerne meine eigenen besten Wünsche anschließe.

Reine Männergesangvereine haben es nicht leicht in diesen Zeiten. Es ist nicht einfach, Nachwuchssänger zu finden. Und wenn der Nachwuchs dann auch noch gut singen können soll, wird es noch viel schwieriger. Aus vielen meiner Gespräche, die ich mit Sängerinnen und Sängern geführt habe, aber auch aus Gesprächen mit zahlreichen jungen Leuten weiß ich um einen Teil der Probleme, Nachwuchs zu finden. Für Jüngere ist es schlicht uncool, in einen klassischen Gesangverein einzutreten.Singen könnten sie sich ja vielleicht noch vorstellen, aber eher zu angesagten Rhythmen und modernen Texten von Gruppen aus den Charts.

»Am Brunnen vor dem Tore« mag ja ganz schön sein als Lied, aber es lockt keinen Jüngeren in die Reihen der Gesangvereine. Dasselbe gilt für das »Büblein klein an der Mutterbrust« und viele andere alte Volkslieder, von denen Jüngere glauben, sie würden ununterbrochen in den Gesangvereinen gesungen und sonst nichts. Sie wissen und ich weiß, dass es anders ist und dass es auch beim Liedgut der Gesangvereine in den vergangenen Jahren Neuerungen gegeben hat und weiterhin gibt.

Welch triste Epoche, in der es leichter ist, ein Atom zu zertrümmern, als ein Vorurteil.
Albert Einstein

Nur spricht sich das eben nicht so schnell herum, wie sich ein altes Vorurteil hartnäckig hält. Ich denke, da ist ein besseres Marketing nötig, um die Attraktivität der Vereine zu steigern. Das heutige Jubiläumsfest ist ein besonders guter Anlass, um einem großen Publikum vorzuführen, wie lebendig und wie modern Gesangvereine sind. Und wie stimmgewaltig und begeisternd der Männergesangverein Leutersbach ist.

Ich wünsche dem Verein ein gutes Jubiläumsfest mit »Wein, Weib und Gesang«, wie der Volksmund es sagt. Und ich wünsche Ihnen und uns allen fröhliche Stunden in geselliger Runde hier bei den Sängern aus Leutersbach und den Sängerinnen und Sängern aus der Nachbarschaft des Jubiläumsvereins. Alles Gute!

Das Zubehör eines Sängers: ein großer Brustkorb, ein großer Mund, neunzig Prozent Gedächtnis, zehn Prozent Intelligenz, sehr viel schwere Arbeit und ein gewisses Etwas im Herzen.
Enrico Caruso

125 Jahre Männergesangverein

Sehr geehrter Herr Vorsitzender,
liebe Freunde der Chormusik!

Wenn ein Chor wie der Männergesangverein Sachsentreue 125 Jahre alt wird, so ist dies in der heutigen Zeit wahrlich ein berechtigter Anlass, gebührend gefeiert zu werden. Denn der aktive Gesang droht durch die akustischen Medien Fernsehen, Radio, CD , MP3 und vieles mehr, aber auch durch ein übergroßes Angebot an Freizeitgestaltungsmöglichkeiten in den Hintergrund gedrängt zu werden. Dabei bietet gerade das Singen im Verein für jeden die Möglichkeit, sich zu entfalten und einzubringen.

Singen ist die natürliche Gabe, sich mit seinem ureigensten Instrument, nämlich der Stimme, ausdrücken zu können. Singen bereitet Freude an gemeinsam Erlerntem durch gemeinsame Wiedergabe. Singen bedeutet auch, Anerkennung in der Öffentlichkeit durch Auftritte bei den verschiedensten Gelegenheiten zu erfahren. Und schließlich führt Singen und Gesang zu Geselligkeit in fröhlicher Runde, und zwar nicht nur bei den wöchentlichen

Proben, sondern auch bei Sängerfahrten, den gemütlichen Abenden, den Aktivitäten im Dorf und vielen Gelegenheiten mehr.

Diese hohen gesellschaftlichen Werte des Singens machen wir uns eigentlich nicht genug bewusst. Das ist ja auch kein Wunder, wenn schon die Jüngsten in der Schule kaum noch zum Singen angehalten und ermuntert werden. Daher appelliere ich an alle Verantwortlichen in den Schulen und insbesondere an die Musiklehrer: Lassen Sie das Lied kein trauriges Dasein als Mauerblümchen fristen, sondern bringen Sie das Liedgut als ein zentrales Thema in den Musikunterricht ein und gründen Sie Schulchöre. Denn ich gehe sogar so weit zu behaupten: Wer nicht schon in jungen Jahren an das Singen herangeführt wird und den Gesang als etwas Schönes erlebt, dem fehlt in späteren Jahren der Zugang. Denn auch Musik hat einen Wiedererkennungsfaktor im Gedächtnis.

Natürlich ist auch entscheidend, was in einem Gesangverein gesungen wird. Daher ist der Männergesangverein Sachsentreue bemüht, neben dem erzgebirgisch-bergmännischen Liedgut auch verstärkt zeitgemäße Chorliteratur in sein Repertoire einzubeziehen, wie etwa Spirituals oder auch aktuelle Unterhaltungsmusik, um die jüngere Generation anzusprechen und sie zu animieren, mitzusingen.

Zum 125. Jubiläum des Männergesangvereins Sachsentreue spreche ich den Mitgliedern des Vereins meine herzlichsten Glückwünsche aus, verbunden mit dem Dank für unermüdlichen Einsatz und die hervorragende Zusammenarbeit im Dienste eines wertvollen Kulturgutes, nämlich der Pflege des Gesangs und der Männerchorliteratur.

Musik ist eine Reflexion der Zeit, in der sie entsteht.
Diana Ross

Und mit dieser Gratulation und meinen Gruß an alle Chorsänger und Freunde der Chormusik darf ich die Einladung an alle, die es noch werden wollen, verbinden und Ihnen den Lockruf des Sängerbundes zurufen: »Sing mit! Singen macht Freude, Singen ist im Chor am schönsten!«

50 Jahre Musikverein

Herr Vorsitzender,
verehrte Ehrengäste,
liebe Sängerinnen und Sänger,

»Musik ist die schöne Schwester des Gebets« – so sagt ein Sprichwort. Der Gesangverein Bad Schönhausen hat in den 50 Jahren seines Bestehens unermüdlich dafür gesorgt, dass die Gebete unserer Gemeinde von dieser schönen Schwester begleitet wurden. Es ist schon symbolisch, dass die Sängerinnen und Sänger auf dem neuesten Vereinsfoto und auf dem Titel der neuesten CD auf der Kirchentreppe zu sehen sind. Ein Bild sagt eben wirklich manchmal mehr als 1000 Worte.

Musik machen und Musik hören, das ist Medizin für die Seele und schafft Gemeinschaft zwischen den Menschen, die sich bis dahin fremd waren, aber über das Lied und die Musik zueinander finden. In unserer Zeit, die zum großen Teil von Technik und Massenmedien bestimmt wird, ist ein gemeinsames, menschliches Tun und Erleben immer wichtiger geworden. Genau deshalb halte ich den Gesangverein Bad Schönhausen für so wertvoll und wichtig, weil er in Zeiten der zunehmenden Vereinsamung zusammenführt, Menschen in die Gemeinschaft ruft und so für ein Miteinander sorgt.

Dafür, dass der Gesangverein Bad Schönhausen in den vergangenen 50 Jahren immer bereit war, die Bedingungen für dieses Erleben zu schaffen, unsere Gottesdienste zu begleiten, unsere Feste zu bereichern und zu verschönern und nicht zuletzt auch die Jugend mit der Musik vertraut zu machen, danken wir ihnen von ganzem Herzen.

Möge Gottes Segen Sie jetzt und in Zukunft begleiten. Dem Verein wünsche ich auch für die kommenden Jahre viel Erfolg und die Fähigkeit, weiterhin junge Menschen für die Musik im Allgemeinen und den Gesang im Besonderen zu begeistern und zu gewinnen.

Musik ist das Geräusch, das denkt.
Victor Hugo

25 Jahre Frauenchor

Frau Vorsitzende,
liebe Gäste,
vor allem aber liebe Sängerinnen,

der Chorgesang ist eine schöne und sinnvolle Freizeitbeschäftigung. Durch die Freude am Singen wird nicht nur wertvolles heimisches Liedgut erhalten, sondern auch und gerade Gemeinschaft praktiziert. Über den gemeinsamen Gesang haben sich schon viele Freundschaften gebildet und selbst »Sänger-Ehen« sind nichts Ungewöhnliches. Gesang führt eben zusammen.

Vielfach wird das Singen als äußerst befreiend erlebt. Bereits Hildegard von Bingen, eine der bedeutendsten Frauen des Mittelalters, ist überliefert mit der Weisheit: »Was aus unserem Mund kommt, ist die Resonanz unserer Seele«. Das können wir selbst nachprüfen, wenn uns warm ums Herz wird bei mancher Melodie und bei manchem Text uns sogar die Tränen in den Augen stehen – bei Trauer und bei Glück.

Glück ein Leben lang! Niemand könnte es ertragen: Es wäre die Hölle auf Erden.
George Bernard Shaw

Heutzutage wird die Freizeit von einem übergroßen Angebot an Unterhaltung geprägt. Das ist nicht nur in den Städten der Fall, auch bei uns hier im Amt Elsterland und im Landkreis Elbe-Elster gibt es vielfältige Möglichkeiten. Denn Sängerinnen und Sänger finden eine Erfüllung darin, sich nicht nur unterhalten zu lassen, sondern auch selbst schöpferisch zu wirken und dadurch eine Kunst zu pflegen. Es zeugt auch von Idealismus, Ausdauer und Treue, wenn eine Gemeinschaft über Jahre an ihren Zielen festhält.

Zu seinem 25-jährigen Bestehen gratuliere ich dem Frauenchor Schönborn als Landrat des Landkreises Elbe-Elster und in meiner Eigenschaft als Protektor des Sängerkreises Westlausitz sehr herzlich. Ich wünsche dem Frauenchor Schönborn im Jubiläumsjahr viele schöne Veranstaltungen und für die Zukunft alles erdenklich Gute.

Jubiläum Gesangverein

Liebe Sängerinnen und Sänger,

mit dem Gesang ist das ja so eine Sache. Wenn einer schön singen kann, dann ist es wunderbar. Man hört es gern, vorausgesetzt er oder sie singt genau das, was man persönlich auch als schön und angenehm empfindet. Und genau da liegt auch das Problem. Wilhelm Busch, der Meister der spitzen Feder und der spitzen Zunge, hat es in seinem Dideldum dereinst auf den Punkt gebracht:

»Musik wird oft nicht schön gefunden,
weil sie stets mit Geräusch verbunden.«

In der Tat. Nicht jeder Ton passt jedem. Die Misstöne nehmen zu. Vor allem in den Ohren der Jüngeren, die lieber Rock und Pop auf Amerikanisch hören als traditionelles Liedgut auf Deutsch. Schade eigentlich, denn wenn man mal die schwülstigen Texte einiger überlebter Lieder beiseite lässt, so finden sich doch sehr eingängige Texte zu sehr einprägsamen Melodien, die sich hinter keinem rockigen importierten Gedudel oder dem Techno-Stakkato in Düsenjet-Lautstärke zu verstecken brauchen.

Natürlich kann man mit dem »Brunnen vor dem Tore«, einer »am rauschenden Bach klappernden Mühle« oder dem in »Heidelberg verlorenen Herzen« nicht unbedingt neue und jüngere Sänger akquirieren. Aber mit der Kombination aus klassischem Liedgut und modernen Rhythmen in Verbindung mit anspruchsvoller Melodie wird auch der Gesang wieder einen stärkeren Zulauf erhalten. Ich bin da ganz zuversichtlich.

Denn Singen macht Spaß. Ob unter der Dusche, beim Aufräumen oder Autofahren: Singen steigert die Konzentrationsfähigkeit und befreit den Atem. Leider sind wir Deutschen nicht gerade sangeslustig, die

Das älteste, echteste und schönste Organ der Musik, das Organ, dem unsere Musik allein ihr Dasein verdankt, ist die menschliche Stimme.
Richard Wagner

Wer singen will, findet immer ein Lied.
Aus Schweden

Singstimmen sind oft eingerostet und Liedtexte häufig vergessen. Es gibt so eine Art Singabstinenz – außer im Karneval, da wird mitgeträllert bis zum Zwerchfellstillstand.

Verehrte Gäste, was ich sagen will ist, dass es Chancen gibt für die Gesangvereine und Chöre in unserer Heimat, weiterhin und verstärkt Nachwuchs zu bekommen, wenn der Zug der Zeit erkannt und bestiegen wird. Viele Menschen sind allergisch gegen Geräusche. Aber Gesang, vor allem schöner, den mögen sie schon. Denn »Musik ist das Geräusch, das denkt«, wie der französische Dichter Victor Hugo richtig bemerkte.

Wenn ich nachher verdiente Sänger aus Ihren Reihen ehre, dann knüpft sich an diese Ehrung auch die hoffende Erwartung, dass wir noch lange von den Männern und Frauen in den Gesangvereinen und Chören unserer Heimat erfreut werden.

In diesem Sinne wünsche ich dem Sängerkreis kräftige Stimmbänder, mutige Veränderung, frisches Liedgut und eine erfolgreiche Zukunft!

25-jähriges Bestehen einer Musikschule

Sehr geehrter Herr Direktor,
verehrte Ehrengäste,
liebe Lehrer und Schüler,
meine sehr geehrten Damen und Herren,

»Musik ist die Kurzschrift des Gefühls«, hat der große russische Schriftsteller Leo Tolstoi einmal formuliert. Er hat es damit auf den Punkt gebracht. Musik ist in Noten gegossenes Gefühl, Musik ist Emotion, Musik erweckt innere Bewegung, reißt mit, weckt auf, ergreift. Ob instrumental oder a cappella, ob als Solist oder im Orchester, Musiker sind Menschen, die Ton angeben.

Doch wie immer im Leben ist auch beim Musizieren noch kein Meister – oder eine Meisterin – vom Himmel gefallen. Im Gegenteil. Hart ist das Brot, bis aus dem ersten zaghaften Versuch die meisterhafte Virtuosität geworden ist. Üben, üben und nochmals üben ist angesagt, um ein Instrument zu beherrschen.

Die Musikschule der Stadt Fulda hat sich seit einem Vierteljahrhundert der Förderung der Musik verschrieben. Sie führt Menschen an die Musik heran, sie vermittelt ihnen diese Kurzschrift des Gefühls, sie hilft bei der Suche nach dem individuell am besten geeigneten Instrument und sie lehrt den richtigen Umgang mit diesem.

Musikschulen sind Schulen fürs Leben. Yehudi Menuhin, der große, unvergessene US-amerikanische Violinist und Dirigent, hat einmal bemerkt: »Einige sagen, man könne ohne Musik, ohne Theater, ohne Gedichte, ohne Literatur leben. Aber das ist nicht so. Ich sage immer, von einer Musikschule kommen gewöhnlich keine Kriminellen«.

Dem Wahren, Guten und Schönen verpflichtet, hat die Musikschule Jahr für Jahr gut 1000 Schülerinnen und Schüler, die sie an Streich- und Tasteninstrumente, Blas- und Schlaginstrumente heranführt, sie Noten lehrt und ihnen deren Umsetzung in Töne zeigt.

Ob Gitarre oder Trompete, Piano forte oder Fagott, Saxophon oder Tuba, in der Musikschule hat noch jeder und jede die nötigen »Flötentöne« beigebracht bekommen. Und in der Musikschule der Stadt Fulda kann man erste und zweite Geige spielen. Und jede Menge andere wunderbare Instrumente.

Mit dem Dank an alle Lehrerinnen und Lehrer verbinden wir die Hoffnung, dass diese Schule fürs Leben noch lange Jahre segensreich wirken und uns mit wahrer Kunst begeistern wird.

Einige sagen, man könne ohne Musik, ohne Theater, ohne Gedichte, ohne Literatur leben. Aber das ist nicht so. Ich sage immer, von einer Musikschule kommen gewöhnlich keine Kriminellen.
Yehudi Menuhin

Zitate Musik & Gesang

Musik wird oft nicht schön gefunden, weil sie stets mit Geräusch verbunden.
Wilhelm Busch, 1832–1908, deutscher Dichter und Maler

Kein Wort kann Musik erklären, Musik erklärt immer nur sich selbst.
Michael Cretu, *1957, rumänischer Musiker und Musikproduzent

Die Musik drückt das aus, was nicht gesagt werden kann und worüber zu schweigen unmöglich ist.
Victor Hugo, 1802–1885, französischer Schriftsteller

Jeder Esel kann den Takt schlagen, aber Musik machen – das ist schwierig.
Arturo Toscanini, 1867– 1957, italienischer Dirigent

Über Musik kann man am besten mit Bankdirektoren reden. Künstler reden ja nur über Geld.
Jean Sibelius, 1865–1957, finnischer Komponist

Beschriebene Musik ist halt wie ein erzähltes Mittagessen.
Franz Grillparzer, 1791–1872, österreichischer Dichter

Musik ist der Blütenstaub der Menschlichkeit, ein Duft von sinnlichen Reizen und Verständnis für die Schönheit.
Aulis Sallinen, *1935, finnischer Komponist

Musik und Rhythmus finden ihren Weg zu den geheimen Plätzen der Seele.
Platon, 428–348 v. Chr., griechischer Philosoph

Musik ist höhere Offenbarung als alle Weisheit und Philosophie. Wem meine Musik sich verständlich macht, der muss frei werden von all dem Elend, womit sich die anderen schleppen.
Ludwig van Beethoven, 1770–1827, deutscher Komponist

Haustiere & Kleintiere

Wer sich ein Haustier zulegt, übernimmt Verantwortung. Es sollte daher wohl überlegt sein, bevor ein Haustier ins Haus kommt. Denn Verantwortung heißt, sich rund um die Uhr um das Wohlergehen der Tiere zu kümmern.

Die Mitglieder der Haustier- und Kleintiervereine tun dies vorbildlich. Sie finden sich zusammen in Vereinen und Verbänden, tauschen sich aus und halten regen Kontakt. Und sie feiern zusammen Erfolge und Jubiläen. Dabei darf natürlich eine gute Rede nicht fehlen, die den Anlass würdigt und die Mitglieder und Gäste begeistert.

20. Landesverband Rammler- und Herdbuchschau

Liebe Züchterinnen und Züchter!

Wer Umweltschutz sagt, meint immer auch Tierschutz. Nur in einer gesunden Natur, in geschützter Landschaft, können Tiere – und nicht zuletzt auch Menschen – ein Überleben haben.

Unsere naturnahe Kulturlandschaft hat viele Anwälte nötig. Wir alle sind gefordert, mehr Umweltschutz und mehr Tierschutz zu betreiben. Auch dieses Weihnachtsfest hat gezeigt, wie oft noch immer lebende Tiere als Spielzeug betrachtet und ohne langes Nachdenken verschenkt werden, um dann recht rasch abgeschoben oder ausgesetzt zu werden.

Tierschützer haben sich der Aufgabe gestellt, die Würde der Kreatur zu achten. In vielen Vereinen wird die Liebe zum Tier zur alltäglichen Verpflichtung. Aberhunderte von Mitgliedern kümmern sich um ihre Lieblinge. Dass es sich dabei keineswegs immer nur um große Vierbeiner oder um exotische Importe handeln muss, beweist die große Zahl derjenigen Organisationen, die überwiegend heimische Kleintiere züchten, hegen und pflegen.

Besonders wichtig ist, dass die Vereinsmitglieder jüngere Menschen an den verantwortungsvollen Umgang mit Tieren heranführen. Zum 25. Mal veranstaltet der Landesverband der Rassekaninchenzüchter in Meiningen eine Landesverband Rammler- und Herdbuchschau. Der Kaninchenzuchtverein »Gute Zucht« T 180 Sömmerda hat die Ausrichtung der Veranstaltung übernommen. Daher gilt mein erster Dank den Mitgliedern der Organisation. Er gilt aber auch gleichzeitig all denjenigen Kaninchenzüchterinnen und -züchtern, die sich in ihren Vereinen der großen Aufgabe gewidmet haben, Naturschutz und Tierliebe für die Zukunft zu erhalten und auszubauen. Sie leisten für uns alle einen großen Dienst.

Und zudem ist es eine große Freude, auf den Schauen die teils putzigen, teils imposanten Tiere zu bewundern.

Rassekaninchen-Clubvergleichsschau

Herr Vorsitzender,
liebe Züchterinnen und Züchter,
meine sehr geehrten Damen und Herren,

»Im Tierreich gilt das Recht des Stärkeren. Uns Menschen sind die Schwachen anvertraut«. Es war die bekannte Benediktinerin aus der Abtei vom Heiligen Kreuz in Herstelle, Kyrilla Spiecker, die diese Wahrheit als Auftrag an uns alle aussprach.

Kleintiere wie Kaninchen sind solche »Schwachen«. Nicht einmal im Tierreich zählen sie zu den Stärkeren. Frei lebende Vertreter der Gattung Oryctolagus cuniculus sind gern gesehene Beute zahlreicher Jäger auf dem Boden oder aus der Luft.

Rassekaninchen sind zwar nur bedingt mit ihren frei lebenden Vettern und Cousinen vergleichbar, aber uns anvertraut sind sie als Schwache allemal. Und sie haben es gut bei denjenigen, die sich der Rassekaninchen angenommen haben. Die Mitglieder der zahlreichen Vereine hegen und pflegen ihre Lieblinge und kommen immer wieder zu Vergleichsschauen zusammen.

So auch am kommenden Wochenende, wenn der Alaska und Havanna Club Kurhessen die 20. Überregionale Vergleichsschau ausrichtet. Ich übermittle Ihnen allen dazu die besten Wünsche des Landkreises und füge meine eigenen herzlichen Grüße an.

Eine Schau wie diese gibt nicht nur Gelegenheit, seine Tiere einer breiteren Öffentlichkeit zu präsentieren, sie ist auch Treffpunkt zum Miteinander und zum Freundschaft schließen. Ganz besonders erfreulich finde ich es, dass eine ganze Reihe junger Menschen in die Vereinsarbeit eingebunden ist und an den pfleglichen Umgang mit dem Tier herangeführt wird.

Kultur hängt davon ab, wie die Menschen gelernt haben, miteinander umzugehen.
Alexander Mitscherlich

Ihnen allen, die sie diese 20. Clubvergleichsschau ausgestalten, insbesondere auch den Mitgliedern des Alaska und Havanna Club Kurhessen, sage ich Dank für Ihr Engagement. Ihnen und Ihren Gästen wünsche ich viel Erfolg und kurzweilige Stunden miteinander.

50 Jahre Geflügelzuchtverein

Liebe Züchterinnen und Züchter,

es sind wirklich die leckersten Köstlichkeiten, die sich hinter dem Begriff »Geflügel« verbergen: Huhn, Ente, Gans, Fasan, Taube, Truthahn, Strauß & Co. Aus der Sicht eines Genießers an der gedeckten Tafel ist Geflügel der Sammelbegriff für jene Vogelarten, die uns besonders gut munden.

Wer hätte es nicht gerne, dass ihm oder ihr »gebratene Tauben ins Maul fliegen«, wie eine alte Redensart anpreist. Demgegenüber ist die Ente zwar ein sehr wohl schmeckendes, aber auch »dummes« Tier, wie der Volksmund berichtet, denn sie ist »zu wenig für drei und zu viel für zwei«. Aus dem Sorbischen ist überliefert, dass Gänse bestimmt nicht wegen ihres Gesangs gemästet werden. Wie wahr!

Ob es allerdings wirklich stimmt, dass man besser einen Spatz in der Hand als eine Taube auf dem Dach hat, lasse ich einmal dahingestellt. Allerdings kann ich mich mit dem Sprichwort, wonach Politiker wie Tauben sein sollen – »sind sie unten, fressen sie uns aus der Hand, sind sie oben, bescheißen sie uns!« nicht so recht anfreunden: Mir haben noch keine Tauben aus der Hand gefressen …

Nichts unterscheidet die Vögel so sehr vom Menschen wie die Fähigkeit zu bauen, ohne das Landschaftsbild zu beeinträchtigen.
Modernes Sprichwort

Die Geflügelzüchter wissen, wovon ich rede. Sie haben täglich mit ihren gefiederten Lieblingen zu tun. Sie wissen um die Bedeutung der Tiere für die Versorgung der Bürgerinnen und Bürger mit wertvollem Fleisch, denn Geflügelfleisch zeichnet sich durch einen niedrigen Fettgehalt, hochwertige Eiweiße, Mineralstoffe und Vitamine aus. Daran ändern die Diskussionen um artgerechte Haltung oder produktspezifische Verunreinigungen nichts. Die Verbraucher wissen, dass deutsches Geflügel hochwertig ist.

Willst du dir ein Haustier zulegen, so bedenke: Für einen Hund bist du Familienmitglied, eine Katze betrachtet dich als Personal.
Aus den USA

Die Geflügelzüchterinnen und Züchter in den Vereinen haben zwar keine Massenzuchten, wohl aber die Rassen in Zucht. Genetische Vielfalt und schönes Aussehen einerseits, wohl schmeckendes Fleisch und nährstoffhaltige Eier andererseits erzielen sie aber auch. Und hinzu kommt die Freude an den gefiederten Kreaturen: Picken, quaken, schnattern, watscheln sind sympathische Begriffe, die Vögeln entlehnt wurden.

Seit 1955 kümmern sich die Mitglieder des Geflügelzuchtvereins »Blumenstein« Obersuhl um ihre Tiere. Ich beglückwünsche Sie zu Ihrem 50. Vereinsjubiläum, im Namen der Gremien des Landkreises Hersfeld-Rotenburg, aber auch ganz persönlich. Bewahren Sie sich Ihren Idealismus und ihre Gemeinschaft und gewinnen Sie neue Freunde für das Rassegeflügel unserer Heimat.

Rassegeflügelschau

Frau Vorsitzende,
Frau Bürgermeisterin,
verehrte Ehrengäste,
liebe Züchterinnen und Züchter,

Mensch und Tier leben seit alters her zusammen. Viele Überlieferungen belegen, dass der Mensch zunächst wilde Tiere zähmte, sie dann domestizierte und später zu Stall- und Haustieren weiterzüchtete. Das gilt nicht nur für Schwein und Rind, sondern auch und gerade für Vögel.

In allen Kontinenten und Kulturräumen nimmt das Haus- und Hofgeflügel einen besonderen Rang ein. Die Zucht und Haltung der gefiederten Tiere hat in Europa eine lange Tradition. Über Generationen hinweg bis hinein in die Mitte des vergangenen Jahrhunderts prägte das Federvieh das Bild unserer Dörfer und spielte eine wichtige Rolle bei der Selbstversorgung der ländlichen Bevölkerung.

Heute hat Rassegeflügelzucht eine andere Bedeutung. Es ist zum einen eine wundervolle und befriedigende Freizeitbeschäftigung. Zum anderen stellen die Züchterinnen und Züchter sicher, dass alte Rassen und altes Kulturgut erhalten und gepflegt werden. Dabei ist die Zucht und Pflege des Rassegeflügels aber gleichzeitig weit mehr als »nur« ein Hobby. Es gilt auch, die Artenvielfalt zu erhalten und den Menschen die Schönheit und Vielfalt der Natur vor Augen zu führen.

Die Züchter und Züchterinnen nehmen diese Verantwortung wahr. Durch die Hege und Pflege besonders solcher Rassen, die auf der Roten Liste stehen, erleben Sie immer wieder die sensiblen Wechselbeziehungen zwischen Natur und Kreatur. Und darüber hinaus leisten Sie mit Ihrer ehrenamtlichen Verbandsarbeit einen Beitrag zum sozialen und kulturellen Leben. Denn Solidarität, Miteinander und wechselseitige Hilfe sind – bei allem züchterischen Ehrgeiz – in Züchterkreisen eine Selbstverständlichkeit. Und diese Tugenden geben sie auch an die Jungzüchter weiter.

Der Wunsch, ein Tier zu halten, entspringt einem uralten Grundmotiv – nämlich der Sehnsucht des Kulturmenschen nach dem verlorenen Paradies.
Konrad Lorenz

Beides wird die Schau zeigen: Zum einen wundervolle Tiere, die in der Zucht weiterentwickelt und veredelt wurden. Zum anderen Gemeinschaft bei einem fröhlichen Fest, das Jung und Alt, Züchter und Besucher zusammenführt.

Ich wünsche Ihnen in diesem Sinne allen eine erlebnisreiche und interessante Rassegeflügelschau und hoffe, dass Sie Ihrem Hobby weiterhin mit Einsatzfreude und Begeisterung nachgehen.

Landesschau Schäferhundeverein

Herr Vorsitzender,
liebe Züchter und Freunde der Schäferhunde,

einige Haustiere genießen im Bewusstsein der Bürgerinnen und Bürger das Privileg, besonders enge Freunde der Menschen zu sein. Der Hund ist eines jener Tiere. Seit Jahrhunderten zählt er zu den treuesten Begleitern des Menschen. In ungezählten Überlieferungen, Sagen, Berichten und Darstellungen spielt diese enge Freundschaft zwischen Mensch und Hund eine herausragende Rolle.

Im Gegensatz zum Gebrauchstier ist der Hund niemals so sehr in Gefahr gekommen, gänzlich verdrängt zu werden. Nicht einmal die moderne Freizeit- und Konsumgesellschaft konnte ihn im Bestand ernsthaft drohen. Andererseits hat die »Kampfhunde-Diskussion« ihren Teil dazu beigetragen, dass ganz bestimmte Hunderassen gefürchtet und verdrängt werden. Schäferhunde sind nur am Rande von diesen Problemen betroffen. Sie gelten nicht nur als treue Begleiter und gute Gefährten, sie sind es auch.

Zweifellos zählt die Ortsgruppe Fallingbosten des Schäferhundevereins zu jenen Vereinigungen, die den Schäferhund erhalten wollen als das, was er ist: einer der schönsten, bekanntesten und edelsten Hunde, die der Mensch besitzt. Die Landesschau wird es einmal mehr beweisen.

Es ist ein hehres Ziel, das Sie alle mit Zähigkeit und Liebe zum Tier anstreben. Ich wünsche Ihnen allen dabei viel Erfolg; insbesondere für Ihre Landesschau, bei der sich die heimischen Schäferhunde mit der Elite des Landes messen werden.

Wenn du einen verhungernden Hund auf liest und machst ihn satt, dann wird er dich nicht beißen. Das ist der Unterschied zwischen Hund und Mensch.
Mark Twain

Einweihung einer Hundetrainingsanlage

Sehr geehrter Herr Vorsitzender,
Herr Bürgermeister,
meine sehr geehrten Damen und Herren,

ich bin beeindruckt. Sie haben mit großem Engagement und mit noch größerer Eigenleistung eine Anlage errichtet, auf die Sie alle zu Recht stolz sein können. Es zeigt, dass die Vereinsgemeinschaft funktioniert, dass das Miteinander und Füreinander groß geschrieben und dass der Verein aktiv und lebendig ist.

Vereine, die sich dem Tier widmen, seien es Kleintiere wie Tauben, Kaninchen oder Hühner oder etwas größere wie Katze und Hund, in diesem Falle Schäferhund, solche Vereine stehen ja nicht so sehr im Rampenlicht wie etwa Sportvereine. Sie wirken eher im Verborgenen und im Hintergrund und führen ein sehr reges Eigenleben. Umso erstaunter ist dann gelegentlich die Öffentlichkeit, wenn ein solcher Verein wie der Schäferhundeverein Hermeskeil an die Öffentlichkeit tritt und vorzeigt, was Großartiges geleistet wurde.

Verehrte Gäste, einige Haustiere genießen im Bewusstsein der Bürgerinnen und Bürger das Privileg, besonders enge Freunde der Menschen zu sein. Der Hund vor allem. Seit Jahrhunderten zählt er zu den treuesten Begleitern des Menschen. In unseren Tagen haben Hunde immer öfter eine Ersatzfunktion als Gefährte, ja sogar als Gesprächspartner. Die Gesellschaft hat sich so entwickelt, dass dem Hund oft eine soziale Funktion zugewachsen ist.

Dass mir mein Hund das Liebste sei, sagst du oh Mensch sei Sünde, mein Hund ist mir im Sturme treu, der Mensch nicht mal im Winde.
Franz von Assisi

Der Schäferhund ist ja nach Ansicht vieler Menschen in der Riege der Hunderassen sozusagen der »Mercedes«. Ich selber liebe auch den Anblick dieser edlen Hunde und freue mich immer wieder, wenn ich ein solch prächtiges Tier sehe. Noch mehr freue ich mich, wenn ich bemerke, dass das Tier geschult ist und auf das Wort seines Herrchens oder Frauchens hört.

Sie im Schäferhundeverein Hermeskeil kümmern sich um die Ausbildung der Schäferhunde. Die Tiere legen eine Vielseitigkeitsprüfung ab und genau dafür brauchen Sie hier Ihre Anlage und den neu errichteten Unterstand, der Ihnen so gut gelungen ist.

Der Hund ist der sechste Sinn des Menschen.
Christian Friedrich Hebbel

Ich beglückwünsche Sie zu Ihrer Arbeit und ich beglückwünsche Sie zu Ihrem aktiven und geselligen Vereinsleben. Alles Gute und weiterhin viel Freude mit den schönen Schäferhunden

Zitate Haustiere & Kleintiere

Gott wünscht, dass wir den Tieren beistehen, wenn sie der Hilfe bedürfen. Ein jedes Wesen in Bedrängnis hat gleiches Recht auf Schutz. Alle Geschöpfe der Erde fühlen wie wir, alle Geschöpfe streben nach Glück wie wir. Alle Geschöpfe der Erde lieben, leiden und sterben wie wir, also sind sie uns gleichgestellte Werke des allmächtigen Schöpfers – unsere Brüder.
Franz von Assisi, 1181–1226, Gründer des Franziskanerordens

Der Wunsch, ein Tier zu halten, entspringt einem uralten Grundmotiv – nämlich der Sehnsucht des Kulturmenschen nach dem verlorenen Paradies.
Konrad Lorenz, 1903–1989, österreichischer Verhaltensforscher

Hunde haben alle guten Eigenschaften der Menschen, ohne gleichzeitig ihre Fehler zu besitzen.
Friedrich der Große, 1712–1786, König von Preußen

Katzen sind die rücksichtsvollsten und aufmerksamsten Gesellschafter, die man sich wünschen kann.
Pablo Picasso, 1881–1973, spanischer Maler und Bildhauer

Alle beide, Hund und Katze, sind reich an Tugend und Talenten, doch der Hund hat ein Talent zu viel: Er lässt sich dressieren. Und er hat eine Tugend zu wenig: Er ist ein Tier ohne Geheimnisse.
Erich Kästner, 1899–1974, deutscher Schriftsteller

Der Kater, gottlob, ist vergänglich. Doch Katzen hat man lebenslänglich.
Eugen Roth, 1895–1976, deutscher Dichter

Katzen erreichen mühelos, was uns Menschen versagt bleibt:
durchs Leben zu gehen, ohne Lärm zu machen.
Ernest Hemmingway, 1899–1961, amerikanischer Schriftsteller

Das Mitgefühl mit allen Geschöpfen ist es,
was Menschen erst wirklich zum Menschen macht.
Albert Schweitzer, 1875–1965, deutscher Arzt und Philosoph

Besser einen Spatz in der Hand als eine Taube auf dem Dach.
Deutsches Sprichwort

Lieber die Taube auf dem Dach als den Drachen im Haus.
Prof. Jacob Lorenz, 1883–1946, Schweizer Wissenschaftler und Politiker

Zu dem Adler sprach die Taube:
Wo das Denken aufhört, da beginnt der Glaube;
Recht, sprach jener, mit dem Unterschied jedoch,
Wo du glaubst, da denk' ich noch.
Ludwig Robert, 1778–1832, deutscher Dichter

Man muss sehr lange auf einem Stuhl sitzen,
bis einem gebratene Hühner in den Mund fliegen.
Aus China

Der frühe Vogel fängt den Wurm.
Deutsches Sprichwort

Gemeinde & Kommunales

Ein Dorf wird 1000 Jahre alt, eine Stadt feiert das 1250. Jubiläum der Stadtrechte – wir leben auf historischem Boden. Viele Bürgerinnen und Bürger beteiligen sich an der Erforschung der Geschichte ihrer Heimat und finden Erstaunliches heraus, was in zahlreichen Heimatmuseen und Ausstellungen präsentiert wird.

Doch auch aktuelle Anlässe führen die Menschen zusammen, wenn kommunale Ereignisse anstehen. Ganz gleich ob Jubiläum oder Einweihung, es ist immer auch eine Gelegenheit für ein zünftiges Grußwort.

650. Jubiläum eines Dorfes

Liebe Diedersdörfer, Bürgerinnen und Bürger,

650 Jahre Diedersdorf – beim Jubiläum eines Dorfes geht es nicht in erster Linie um Gebäude oder Institutionen. Es geht vielmehr um 650 Jahre Leben von Menschen inmitten einer dörflichen Gemeinschaft und inmitten einer bewegten Geschichte.

Es ist nicht gesagt, dass es besser wird, wenn es anders wird. Wenn es aber besser werden soll, muss es anders werden.
Georg Christoph Lichtenberg

Die vergangenen 650 Jahre waren gekennzeichnet durch viele Veränderungen, Zusammenbrüche und Neuanfänge. Welche Tragweite diese hatten, wird bereits dann sehr deutlich, wenn man nur die Daten der größten kriegerischen Auseinandersetzungen Revue passieren lässt, die in diesen sechseinhalb Jahrhunderten den Menschen Not und Elend, Hunger und Seuchen gebracht haben: Bauernaufstand, Dreißigjähriger Krieg, Napoleonische Feldzüge, zwei Weltkriege. Sie alle – und einige mehr – wüteten im Herzen Europas und damit in unserer Heimat. Sie alle forderten viele Menschenleben und brachten Unglück. Doch eines konnten sie nie: Die Gemeinschaft der Bürgerinnen und Bürger sprengen, das Dorf vernichten oder den Zusammenhalt zerstören.

Im Gegenteil: Über die Jahrhunderte hat sich Diedersdorf zu einem schmucken und lebenswerten Dorf weiterentwickelt, in dem es sich heute gut leben lässt. Denn es gab ja nicht nur die dunklen Zeiten in der Geschichte, auch viele helle, schöne Momente haben das Leben der Menschen bereichert: Die Aufklärung beendete das düstere Mittelalter, Kunst, Kultur, Literatur eroberten das Leben, Barock und Rokoko spiegelten Lebenslust wider, Maschinen erleichterten viele Arbeitsprozesse, die Moderne hielt Einzug.

Der Blick zurück ist häufig gepaart mit ein wenig Wehmut und der Sehnsucht nach der »guten alten Zeit«. War sie wirklich so gut? War sie nicht vielmehr geprägt von härtester Arbeit, von Mühsal und oftmals auch bitterer Armut?

Der Blick nach vorn ist oftmals verbunden mit der Sorge vor dem, was kommt. Werden die Zeiten besser? Bleiben sie zumindest so gut, wie sie sind? Wir wissen es nicht. Wir können nur eines: Zusammenstehen, in der Gemeinschaft Freude und Zusammenhalt finden, das Dorf gemeinschaftlich weiterentwickeln und uns alle für das Gemeinwesen engagieren. Dann braucht Diedersdorf auch für eine ebenso lange Zukunft nicht bange zu sein.

Mögen dem Dorf und seinen Bürgerinnen und Bürgern frohe und glückliche Jahre beschieden sein. Und zum Jubiläumsfest wünsche ich allen Diedersdörfern frohe Stunden im Kreis der Dorfgemeinschaft und der sicherlich zahlreichen Gäste aus Nah und Fern.

15 Jahre Heimatmuseum

Liebe Frau Museumsleiterin,
meine sehr geehrten Damen und Herren,

»Wer die Vergangenheit nicht kennt, wird die Zukunft nicht in den Griff bekommen«. Golo Mann war es, der große Historiker und Publizist, der diese weise Erkenntnis prägte. Er hatte Recht: Bei allem Voranstreben, bei allem Fortschritt, der auf eine lebenswerte Gestaltung der Zukunft abzielt, darf der Mensch nicht vergessen, wer er ist und woher er kommt. Zukunft steht ebenso wenig beziehungslos im Raum wie Gegenwart. Beides lebt auf den Fundamenten, die von unseren Vorfahren gelegt wurden.

Sicherlich, viel Vergangenes wurde verschüttet, vergessen oder verdrängt. Zum Teil wurde es sogar der Mode geopfert. Doch neben dem, was gänzlich untergegangen ist, hat das überdauert, was wir heute als Bauwerke bewundern, in Museen besichtigen, in Ausstellungen erfahren oder in Büchern oder im Internet nachlesen können.

Die Gemeinden sind der eigentliche Ort der Wahrheit, weil sie der Ort der Wirklichkeit sind.
Hermann Schmitt-Vockenhausen

Wer in der Zukunft lesen will, muss in der Vergangenheit blättern.
André Malraux

Es hat eine Rückbesinnung stattgefunden. Wäre Golo Mann noch vor Jahren wegen seiner Aussage belächelt worden, hat sie heute grundlegende Bedeutung erhalten: Zunehmend mehr Bürgerinnen und Bürger widmen sich der »Spurensuche«, indem sie Gegenstände, Überlieferungen und Daten ihrer Lebensräume zusammentragen.

Einer solchen lobenswerten Initiative ist es auch zu verdanken, dass das kleine Museum von Merkendorf sein 15-jähriges Bestehen feiern kann. Tatkräftige Mitglieder des Heimatvereins hatten sich damals an die große Aufgabe herangewagt, ein Heimatmuseum zu bestücken, das heute, 15 Jahre später, aus dem kulturellen Leben nicht mehr wegzudenken ist.

Ich beglückwünsche Stadt und Heimatkreis zu ihrem Museum. Die Kultur eines Volkes zeigt sich auch und gerade im Umgang mit seiner Tradition und Geschichte. In Merkendorf hat beides einen festen Platz.

Kirmeseröffnung

Liebe Kirmespaare,
liebe Hachenburger Bürgerinnen und Bürger,

»Endlich ist es wieder so weit« – werden sich viele Bürger in Hachenburg und Umgebung gedacht und gesagt haben. Das zweite Wochenende im August ist ja traditionell das Feier-Wochenende, seitdem 1738 die neue Stadtkirche geweiht wurde und sich der 15. August – Maria Himmelfahrt – als Kirchweihdatum etabliert hat. Drei Tage Kirmes – da reiht sich Höhepunkt an Höhepunkt und die Stimmung ist ausgelassen beim größten Volksfest der Region.

Kirmes ist ja wie bekannt ursprünglich das Kirchweihfest. Das gibt es in vielen Regionen Deutschlands in vielfältigen Formen. Aber eine besonders gelungene Form des Feierns und Fröhlichseins haben wir hier in Hachenburg gefunden. Von Anfang an hat es sich die Kirmesgesellschaft Hachenburg zur Aufgabe gemacht, die Pflege des heimatlichen Brauchtums und die Ausgestaltung der Kirmes sicherzustellen. Wir alle, die wir gerne feiern und fröhlich sind, sind den Mitgliedern und dem Vorstand der Karnevalsgesellschaft dankbar für ihr großes Engagement und ihren unermüdlichen Einsatz, um dieses große Volksfest Jahr für Jahr zu organisieren. Ihnen und allen Helferinnen und Helfern gilt der Dank von uns Gästen, wenn wir ausgelassen fröhlich feiern und es uns gut gehen lassen können.

Am Oktoberfest in München heißt es, da »hat so mancher Mann gezeigt, was er vertragen kann«. Die in München kennen uns in Hachenburg nicht. An den drei Tagen herrscht ausgelassene Stimmung und der Schlachtruf »Hui Wäller? – Allemol!« ist allgegenwärtig, bevor Montagabend das Fest seinen Ausklang nimmt. Nun ja, nach drei Tagen Feier haben sich Zwerchfell und Leber, Trommelfell und Cholesterinspiegel auch eine Pause verdient.

Ihnen und uns allen wünsche ich eine fröhliche Kirmes 2005.

Tag des offenen Denkmals

Verehrte Ehrengäste,
meine sehr geehrten Damen und Herren,

zum »Tag des offenen Denkmals« darf ich Sie alle hier in Rotenburg an der Fulda willkommen heißen. Ich möchte Sie mit einem Zitat des großen deutschen Dichterfürsten Johann Wolfgang von Goethe begrüßen, der uns allen zugerufen hat: »Was du ererbt von deinen Vätern hast, erwirb es, um es zu besitzen.«

Kaum trefflicher kann der Geist beschrieben werden, der dem »Tag des offenen Denkmals« zugrunde liegt. Denn wir haben jede Menge ererbt von

Das Wesen der Geschichte ist die Wandlung.
Jacob Burckhardt

unseren Vätern und Müttern, von den Großvätern und Großmüttern, von der langen Kette unserer Vorfahren. Aber auch von denen, die in diesem Landstrich nur zeitweise zugegen waren oder auch nur durchgezogen sind.

Es ist historischer Boden, auf dem wir stehen, es ist die Geschichte, in der wir leben, es ist das Gedächtnis von Raum und Zeit. Denkmäler aller Arten erinnern uns daran, dass wir eine Herkunft haben. Ob wir auch eine Zukunft haben zusammen mit ihnen, ist ungewiss.

Aber wir haben eine Herkunft. Ein Standbild einer Größe von gestern lehrt uns Geschichte. Ein Mahnmal rüttelt uns auf. Ein Naturdenkmal zeigt uns die Kraft und die Lebendigkeit von Umwelt und Natur. Ein altes Haus erzählt Geschichten aus der Geschichte, es übermittelt Botschaften, es bewahrt Altes,Vergangenes und es lebt mit Neuem und Gegenwärtigem. »Was du ererbt von deinen Vätern hast, erwirb es, um es zu besitzen.«

Zu besitzen, verehrte Gäste, nicht, um es abzureißen, abzufackeln, vermodern oder verkommen zu lassen. Wir müssen mit unseren Denkmälern leben. Sonst sterben sie. Und es sterben schon viele. In vielen Dörfern müssen wir leider sehen, wie sie sterben. Es ist ein Bild des Jammers, wenn ein altes, vormals stolzes Bürgerhaus, langsam in sich zusammensinkt.

In Hönebach steht ein altes, ehemaliges Gutshaus. Es droht zusammenzubrechen. Gegenwärtig ist es notgesichert und wir suchen nach Geldgebern, um es zu retten. In Friedlos steht die alte Schule schon sehr lange leer; die Besitzer wollen sie abreißen, um den Bauplatz anderweitig zu nutzen. Wir haben den Abriss untersagt. Nur: Rettet das die Schule?

In Odensachsen steht ein dorfbildprägendes, wunderschönes altes Fachwerkhaus, dessen Besitzer es abreißen will. Und weil er keine Genehmigung bekommt, lässt er es verfallen, wobei der Verdacht besteht, dass dieser Verfall aktiv befördert wird.

Dies sind keine Einzelfälle. Dies ist der Beginn eines Flächenbrandes! Es mehren sich die Anträge auf Abriss von Kulturdenkmälern – und es sind nicht nur die schönen alten Feldscheunen, die verschwinden sollen, sondern Gebäude mitten in den Dörfern. Machen wir uns nichts vor: Es wird bei Fortgang der alarmierenden Überalterung der Bevölkerung immer schwieriger werden, die gewachsenen dörflichen Strukturen zu bewahren.

Den Denkmälern am, mit und im Wasser ist der heutige »Tag des offenen Denkmals« gewidmet und zahlreiche Veranstaltungen im Landkreis führen die Menschen an »ihre« Denkmale heran und zeigen ihnen den kulturellen, ideellen, geschichtlichen Wert.

Ich danke allen denjenigen, die am Gelingen des heutigen Tages beteiligt sind. Ich danke der Stadt Rotenburg für die Einladung und den freundlichen Empfang und überbringe mit den Grüßen auch den Dank des Kreisausschusses und füge meinen eigenen herzlichen Dank an.

Und ich wünsche Ihnen und uns allen einen denkmal-würdigen Tag, der uns zuhören und lernen lässt, wenn uns Denkmäler aus ihrer bewegten und bewegenden Geschichte erzählen und wie sie uns mahnen, das Erbe der Väter und Mütter für unsere Kinder und Enkel und Urenkel zu bewahren.

Ausstellungseröffnung »Bauen & Wohnen«

Liebe Frau Veranstalterin,
Herr Bürgermeister,
meine sehr geehrten Damen und Herren,

ein Mann muss einen Baum pflanzen, einen Sohn zeugen und ein Haus bauen. So jedenfalls ist es überliefert. Heute, im Zeitalter der Gleichberechtigung und Emanzipation, gilt natürlich auch für eine Frau, dass sie einen Baum pflanzen, ein Kind bekommen und ein Haus bauen soll.

Verehrte Gäste, Bäume haben wir in unserer Heimat reichlich. Alte und junge. Bei den Kindern sieht es schlechter aus. Jeder weiß ja zwischenzeitlich um die demographische Entwicklung, die auch bei uns in wenigen Jahren große Auswirkungen zeigen wird. Der Bürgermeister von Einbeck spürt es bereits bei seinen Kindergärten.

Nur der Trend zum Hausbau ist ungebrochen. Viele junge Menschen, vor allem junge Paare, haben den Wunsch nach eigenen vier Wänden. Möglichst im Grünen, aber nah an der Infrastruktur und nahe am Arbeitsplatz. So gegensätzlich das auch ist.

Und wir im Landkreis Northeim können nach wie vor viele dieser traumhaften Bauplätze für das Traumhaus des Lebens bieten. Selbst wenn ich persönlich der Meinung bin, dass wir uns stärker auf die Revitalisierung der innerdörflichen und innerstädtischen Bereiche konzentrieren sollten.

Bauen ist ein Wunsch vieler. Ein Haus bauen und dann schön einrichten als Nest für eine kleine Familie ist der Lebenswunsch der meisten Menschen. Andere möchten sich schön einrichten und kaufen sich Möbel, um gediegen zu leben. Es gibt Möbel, wenn man die erst einmal hat, dann ist auch schnell ein Haus drum gebaut ...

Beides, Bauen und Wohnen, ist Botschaft dieser Ausstellung, zu der ich die Veranstalter herzlich beglückwünsche. Lassen wir uns als Gäste einfangen von den Angeboten und Verlockungen derjenigen, die mit viel Liebe und Mühe ihre Angebote hier präsentieren. Überwiegend heimische Leistungsträger, die Ihre Innovationen und Lösungen ausstellen. Wir haben tatkräftige Unternehmen, kreative Köpfe und Handwerker, die ihr Fach verstehen.

Das alles und viel mehr präsentiert diese Ausstellung »Bauen und Wohnen«, zu der ich Ihnen und uns allen viel Vergnügen und Freude wünsche.

Es entwickelt sich eine Vollkasko-Gesellschaft. Eigene Interessen werden auf Kosten des Ganzen abgesichert und durchgesetzt.
Richard von Weizsäcker

Gewerbeschaueröffnung

Verehrte Gäste,

es macht stolz und zuversichtlich zu sehen, wie viele Unternehmen sich bereits zum sechsten Male engagieren und wie viele Firmen sich selber und ihre Waren und Dienstleistungen auf der Gewerbeschau vorstellen. Ich beglückwünsche die Veranstalter zu ihrem Mut, eine solche Schau auf die Beine zu stellen, und zu ihrem Erfolg, der sich zwischenzeitlich eingestellt hat.

Wer mit heimischen Unternehmern und Firmeninhabern spricht, der wird immer wieder hören, dass Qualität, Leistung und Service diejenigen Kriterien sind, die von den Kunden am meisten verlangt und geschätzt werden. Und dass es genau diese Kriterien sind, die es den Unternehmen ermöglichen, im härter werdenden Wettbewerb zu bestehen. Diese Tugenden sind es, die auch auf der 6. ALOVA-Gewerbeschau hier in Guben von den ausstellenden Unternehmen im Markt platziert werden: Leistung, Leistungsbereitschaft, hohe Qualität, hohe Einsatzbereitschaft und marktgerechte Preise.

In der Heimat – für die Heimat – dies ist der Geist, der hier in der Gewerbeschau herrscht. Es sind die in der Region ansässigen Unternehmen, die mit einer überschaubaren Anzahl von Mitarbeitern lokal tätig sind. Sie sind das Rückgrat für Arbeits- und Ausbildungsplätze. Sie sind hier vor Ort, kennen ihre Kunden, wissen um die lokalen Besonderheiten, sind auch außerhalb von üblichen Zeiten ansprechbar. Und es sind genau diese Firmen, die sich hier in der 6. ALOVA-Gewerbeschau präsentieren und um neue Kunden werben.

Ich danke der Gewerbegemeinschaft Guben für ihr Engagement bei dieser Leistungsschau, die mit dem Kürzel ALOVA genau das zusammenfasst, was wichtig ist: »Attraktive-Lokale-Offene-Verkaufs-Ausstellung« für jedermann in der Region! Und ich danke allen Ausstellern für ihr Engagement.

Und uns allen, den Gästen und Kunden, wünsche ich eine erkenntnisreiche, fröhliche Messe, die Mut macht für bessere Zeiten.

Zitate Gemeinde & Kommunales

Wer an den Dingen seiner Gemeinde nicht Anteil nimmt, ist kein stiller, sondern ein schlechter Bürger.
Perikles, 493–429, griechischer Staatsmann und General

In einer wirklich schönen Stadt lässt sich auf die Dauer nicht leben – sie nimmt einem die Sehnsucht.
Elias Canetti, 1905–1994, deutschsprachiger Schriftsteller

Jeder kehre vor seiner Tür, und rein ist jedes Stadtquartier.
Johann Wolfgang von Goethe,1749–1832, deutscher Dichter

Eine Gemeinde kann ihr Geld nicht besser anlegen, als dass sie Geld in Babys steckt.
Winston Churchill, 1874–1965, britischer Politiker und Schriftsteller

Verschmilzt die Wirtschaft Europas zur Gemeinschaft, und das wird früher geschehen, als wir denken, so verschmilzt auch die Politik.
Walter Rathenau, 1867–1922, deutscher Industrieller und Politiker

Wenn eine freie Gesellschaft den vielen, die arm sind, nicht helfen kann, so kann sie auch jene nicht retten, die reich sind.
John F. Kennedy, 1917–1963, 35. Präsident der USA

Anmut sparet nicht noch Mühe.
Leidenschaft nicht noch Verstand.
Dass ein gutes Deutschland blühe,
wie ein andres gutes Land.
Bertolt Brecht, 1898–1956, deutscher Schriftsteller

Ich wäre lieber in irgendeinem Dorf der Erste als in Paris der Zweite.
Napoleon I. Bonaparte, 1769–1821, französischer Kaiser

Senioren & Ältere

Die demographische Entwicklung zeigt unbestechlich und ungeschminkt auf: Wir werden immer weniger, aber dafür älter. Die Bevölkerung nimmt ab, die Anzahl der älteren Menschen wächst. Und gleichzeitig nimmt die Lebenserwartung der Senioren zu.

Diese Entwicklung verlangt schon heute Handeln, damit morgen nicht alles zusammenbricht. Wir brauchen weniger Kindergärten und mehr Senioreneinrichtungen. Das muss deutlich gesagt werden, damit es alle wissen und danach handeln können.

20 Jahre Seniorenverein

Frau Vorsitzende,
liebe Senioren hier in der Begegnungsstätte,

in einem wundervollen Gedicht des belgischen katholischen Ordenspriesters und Schriftstellers Phil Bosmans heißt es: »Jeden Tag als eine Gabe, ein Geschenk annehmen, und, wenn möglich, als ein Fest.« Seit 20 Jahren trägt der Verein »Begegnungsstätte Seniorentreff Holzwickede e.V.« mit großem Engagement dazu bei, dass ältere Menschen dort die Gelegenheit haben, diesen guten Ratschlag von Phil Bosmans in die Tat umzusetzen und ihre Jahre im Alter sinnvoll und damit lebenswert zu gestalten.

Ich freue mich, dem Verein »Begegnungsstätte Seniorentreff Holzwickede e.V.« zum 20. Jubiläum gratulieren zu können und übermittle ihm auf diesem Wege meinen Dank und meine besten Wünsche. In dieser Einrichtung finden Senioren Abwechslung und Gesellschaft. Hier werden Mitmenschlichkeit und Nächstenliebe vermittelt, hier existiert ein echtes Gemeinschaftsgefühl. Die Möglichkeit, unterschiedlichste Kontakt zu knüpfen, Anregungen und Hinweise zu erhalten und das gesellige Beisammensein zu genießen, sind ein wichtiges Gegengewicht zum häufigen Alleinsein im Alter.

Doch im Verein »Begegnungsstätte Seniorentreff Holzwickede e.V.« geht es nicht nur um Kurzweil und Unterhaltung. Häufig möchten alte Menschen ihre Familien nicht mit ihren Sorgen oder Nöten belasten. In der Begegnungsstätte finden sie ein offenes Ohr und aufmerksame Zuhörer. Denn der Verein bietet vielfältige Möglichkeiten der Kommunikation, Information, Freizeitgestaltung und Beratung

Der Verein »Begegnungsstätte Seniorentreff Holzwickede e.V.« ist seit zwei Jahrzehnten für alte Menschen ein Ort der Geborgenheit. Er kann auf diese Leistung sehr stolz sein. Für die Zukunft wünsche ich dem Verein daher alles erdenklich Gute und hoffe, dass es weiterhin viele engagierte Menschen gibt, die diese sinnvolle Idee mittragen und unterstützen.

Seniorennachmittag

Die Demokratie wird immer mehr von der Demographie und Demoskopie abgelöst.
Erhard Blanck

Herr Bürgermeister,
liebe ältere Mitbürgerinnen und Mitbürger,
liebe Gäste des Seniorentages,

die demographische Entwicklung gibt Anlass zu großer Sorge. Damit meine ich nicht nur, dass wir alle immer älter werden. Ich meine vielmehr die fehlenden Kinder und Enkel. Unsere Bevölkerung überaltert – mit all den Folgen, die dies für Infrastruktur und Gemeinschaft hat.

Wir brauchen künftig keine neuen Kindergärten oder Schulen, wir brauchen Seniorenresidenzen und Pflegeeinrichtungen für ältere Menschen, weil wir alle immer älter werden und immer länger leben. Hier in Pößneck sind heute schon mehr als 25 Prozent der Bevölkerung über 65 Jahre alt. Das ist schön für den heutigen Seniorentag, doch es ist alarmierend für diejenigen, die in wenigen Jahren die Verantwortung tragen müssen.

Es kommen große und harte Aufgaben auf uns zu. Eine der besonders wichtigen Aufgaben wird es sein, den Kampf der Generationen zu vermeiden und die Spannungen auszugleichen, die bereits sichtbar werden.

Ich persönlich wünsche mir für Sie und uns alle ein Stück mehr Gemeinsamkeit der Generationen, ein Stück mehr Solidarität und Zuwendung. Das gilt insbesondere auch in der derzeitigen Diskussion um die Renten.

Ich weiß sehr genau, dass die älteren Generationen bereit sind, ihren Beitrag zur Gesundung des Staatshaushalts und zur Sanierung der maroden Kassen zu leisten. Aber sie fordern zu Recht, dass die Verlässlichkeit der Systeme und der Zusagen des Staates letztlich garantiert sein müssen und dass es gerecht zugehen muss. Und an genau dieser Stelle gibt es gegenwärtig durchaus große Zweifel.

Doch bei aller Sorge um die Zukunft sollen wir nicht das Hier und Heute vergessen, denn wir sind ja zusammen, um zu feiern. Ältere Mitbürger sind häufiger als Jüngere an das Haus und an den Wohnort gebunden. Für Senioren ist es daher wichtig, immer wieder einmal herauszukommen, alte Bekannte zu sehen, mit ihnen zu reden und neue Bekanntschaften zu schließen. Diese Möglichkeit gibt Ihnen der Seniorentag.

Diese heutige Veranstaltung wird sicherlich geprägt sein vom Gespräch miteinander und dem Austausch von Gedanken und Erinnerungen. Der Seniorentag lässt Sie alle als die älteren Mitbürgerinnen und Mitbürger auch am geselligen und kulturellen Leben teilnehmen.

Und er rückt die Älteren in den Mittelpunkt des Bewusstseins der Bürgerschaft. Er erinnert unsere jungen Mitbürgerinnen und Mitbürger an ihre Verantwortung gegenüber den Betagten. Aktivitäten halten jung und gesund. Wichtig ist, dass der Kontakt zur Umwelt, insbesondere auch zu Jüngeren wach bleibt. Ältere Menschen dürfen nicht isoliert leben. Sie müssen mitten in der Gesellschaft, mitten im Leben stehen und bleiben.

Leider können an unserem Treffen heute nicht alle teilnehmen, die es gewollt hätten. Krankheit verhindert ihr Kommen. Ihnen gilt mein besonderer Gruß. Ich wünsche ihnen eine rasche und gute Genesung.

Jetzt sind die guten alten Zeiten, nach denen man sich in zehn oder zwanzig Jahren zurücksehnen wird.
Sir Peter Ustinov

Sie alle sind auf Einladung Ihrer Gemeinde hier, um gemeinsam zu feiern, miteinander zu reden und sich unterhalten zu lassen. Und für mich als Landrat ist es eine besondere Freude, bei Ihnen sein zu können. Ihnen und uns allen wünsche ich einen unterhaltsamen und fröhlichen Nachmittag.

Kreisaltennachmittag

Liebe ältere Mitbürgerinnen und Mitbürger unseres Landkreises,
Herr Bürgermeister,
verehrte Gäste,

der Kreisaltentag auf dem Sensenstein ist zu einer festen Tradition in unserem Landkreis geworden: Ich weiß, dass viele Senioren sich diese Veranstaltungen des Landkreises fest in ihre Planungen eingetragen haben und sich immer wieder darauf freuen. In diesem Jahre werden rund 4000 Frauen und Männer an vier Terminen zum großen Fest des Landkreises zusammentreffen, um als Gäste des Kreises gemeinsam zu feiern, miteinander zu reden und sich unterhalten zu lassen. Einzige Voraussetzung dafür, teilnehmen zu können, ist aber: Alle müssen das 80. Lebensjahr schon erreicht haben.

Verehrte Gäste, der Kreisaltentag ist eine wichtige Einrichtung des Landkreises Kassel. Zum einen ist er ein Tag des Wiedersehens mit alten Freunden und Bekannten. Ältere Mitbürger sind mehr als jüngere an das Haus und an den Wohnort gebunden. Für sie ist es wichtig, einmal herauszukommen, alte Bekannte zu sehen, mit ihnen zu sprechen und auch neue Bekanntschaften zu schließen. Diese Möglichkeit gibt unser Altentag.

Der Kreisaltentag lässt unsere älteren Mitbürger aber auch am geselligen und kulturellen Leben teilnehmen. Eine bunte Palette von Programmpunkten wird Sie unterhalten: Das Eisenbahner-Blasorchester spielt auf; der Schülerchor des Gymnasiums wird sein Repertoire darbringen und die Kinder- und Jugendgruppe des TSV werden den Nachmittag mitgestalten. Langeweile kann es also nicht geben, im Gegenteil, für Kurzweil und Unterhaltung ist ebenso gesorgt, wie für das leibliche Wohl.

Verehrte Gäste, der Kreisaltentag rückt die älteren Mitbürger unseres Landkreises in den Mittelpunkt des Bewusstseins unserer Kreisbürger. Er erinnert unsere jungen Mitbürger und uns alle an die Verantwortung

Von einem gewissen Alter ab tut auch die Freude weh.
Charlie Chaplin

Das Alter hat zwei große Vorteile: Die Zähne tun nicht mehr weh, und man hört nicht mehr all das dumme Zeug, das ringsum gesagt wird.
George Bernard Shaw

gegenüber den Betagten. Sie sind Teil der Gesellschaft und haben ein Recht auf Wahrnehmung, Hinwendung und Einbindung. Die Kreisaltentage leisten dabei einen wichtigen Beitrag.

Denn Aktivitäten halten jung und gesund. Wichtig ist, dass der Kontakt zur Umwelt, insbesondere auch zu den jüngeren Mitbürgern wach bleibt. Der ältere Mitbürger darf nicht isoliert leben. Er muss mitten in der Gesellschaft, mitten im Leben stehen und stehen bleiben.

Leider können an unserem Treffen heute nicht alle teilnehmen, die es gewollt hätten. Krankheit verhindert ihr Kommen. Ihnen gilt mein besonderer Gruß. Ich wünsche ihnen eine rasche und gute Genesung.

Danken möchte ich all denen, die sich in den Dienst des Kreisaltentages gestellt haben. Die Sparkasse hat sich wieder – wie in den vergangenen Jahren – finanziell für das Gelingen engagiert. Für Erste Hilfe stehen die Helferinnen und Helfer des Deutschen Roten Kreuzes bereit, die auch behilflich sind beim Ein- und Aussteigen aus den Bussen. Den ärztlichen Bereitschaftsdienst übernimmt das Kreisgesundheitsamt. Die Damen der Arbeitsgemeinschaft der Frauen- und Wohlfahrtsorganisation übernehmen das Ausschenken des Kaffees, wofür ich ebenfalls besonders danke.

Verehrte Gäste, liebe ältere Mitbürgerinnen und Mitbürger, ich wünsche Ihnen und uns allen einen gelungenen Nachmittag und hoffe, dass er Ihnen noch lange in guter Erinnerung bleiben wird. Alles Gute und bleiben Sie gesund, dann feiern wir noch lange zusammen und freuen uns auf die kommenden Jahre.

Tag der offenen Tür im Pflegezentrum

Verehrte Schwester Ursula,
sehr geehrter Herr Geschäftsführer,
verehrte Gäste,

fast 36 000 Einwohnerinnen und Einwohner des Landkreises waren zum Stichtag 31. 12. 2003 bereits 65 Jahre und älter. Dies macht mehr als ein Viertel der Gesamtbevölkerung im Kreisgebiet aus – und die Tendenz ist steigend. Umso bedeutsamer wird die Aufgabe, dass wir uns im Landkreis rechtzeitig und umfassend darauf vorbereiten, dass wir immer mehr ältere Menschen haben. Damit einher geht auch die Zunahme derjenigen alten Menschen, die gebrechlich sind und die Hilfe, Unterstützung und Pflege benötigen.

Das Pflegezentrum der Diakonie hier in Rotenburg ist eine solche Einrichtung, in der alte, kranke und gebrechliche Menschen umsorgt, gepflegt und betreut werden. Noch vor wenigen Generationen war es eine Aufgabe der Großfamilie, sich um alle ihre Mitglieder zu kümmern. Kinder wurden gemeinsam erzogen, Alte betreut. Heute hat der Sozialstaat dies übernommen und ist in diese Aufgaben der Familienverbände hineingewachsen, da es Familie im klassischen Sinne immer weniger gibt. Man mag dies beklagen, doch Handeln ist angesagt. Und deshalb bin ich als Landrat denjenigen Institutionen und Organisationen dankbar, die sich dieser Aufgaben angenommen haben.

Der heutige »Tag der offenen Türe« ist gute Gelegenheit, die Leistungen der Diakonie einer breiten Öffentlichkeit darzustellen und um Unterstützung zu werben. Viele ältere Menschen haben eine Hemmschwelle, in eine Einrichtung wie diese zu gehen. Und viele Angehörige geben ihre Alten auch nur sehr ungern in ein Heim. Beide Vorbehalte können heute durch ein besseres Kennenlernen, durch mehr Einsicht und Information abgebaut werden.

Der Ruf des Pflegezentrums der Diakonie ist gut und die Einrichtung ist sehr angesehen. Die heutige Veranstaltung wird dies einmal mehr unterstreichen. Dazu wünsche ich Ihnen alles Gute.

Altenzentrum Grundsteinlegung

Sehr geehrte Frau Abgeordnete,
Herr Bürgermeister,
verehrte Ehrengäste,
meine sehr geehrten Damen und Herren,

der Bau dieses neuen Altenpflegeheimes hier im Zentrum von Simmern ist ein Zeichen der Zeit. Die demographische Entwicklung in unserem Lande geht auch an unserer Heimat nicht vorbei. Im Gegenteil. Wir hier im ländlichen Raum müssen uns darauf einstellen, dass die Abnahme der Bevölkerung sehr rasch und sehr stark einsetzt. Schon heute bemerken wir es bei den Kindergartengruppen. Morgen werden wir es in den Grundschulen und nachfolgend in allen weiteren Lebensebenen sehen: Unsere Bevölkerung nimmt ab. Die Kinder fehlen. Dafür gibt es mehr ältere Menschen. Und diese Älteren leben länger. Mit allen Konsequenzen, die diese Entwicklung für die Gesellschaft hat. Denn »Alter ist noch immer das einzige Mittel, das man entdeckt hat, um lange leben zu können«, wie es der französische Komponist Daniel François Esprit Auber, einmal formuliert hat.

Deshalb ist dieser Bau, dessen Grundstein wir heute legen, auch ein Zeichen der Zeit. Wir müssen uns auf die sich ändernden Bevölkerungsstrukturen vorbereiten. Wir brauchen keine großen Neubaugebiete mehr auf der grünen Wiese. Wir brauchen Innenstadt- und Dorfkernsanierung. Wir brauchen Einrichtungen und Anlagen für ältere Menschen, die Hilfe und Pflege benötigen. Wir brauchen dieses Altenpflegeheim hier in Simmern, um für unsere alten Menschen einen angenehmen und würdevollen Platz zu haben.

Ich bin sehr froh, dass wir den Bauplatz für dieses neue Heim hier in der Mitte in Simmern haben. Alte Menschen sind Teil unseres Lebens und gehören genauso in unsere Mitte wie junge. Alte Menschen habe ihr Leben gelebt und haben ihren Beitrag für die Entwicklung unserer Gesellschaft geleistet. Daher haben sie ein Anrecht, gut behandelt zu werden und integriert zu bleiben in die Gemeinschaft.

Deshalb freue ich mich besonders, dass wir diesen Grundstein heute hier im Zentrum der Stadt legen können. Und ich danke dem Land Rheinland-Pfalz für die großzügige Unterstützung für dieses neue Projekt. Ohne diese Hilfe wäre es der Kreisaltenpflege Hersfeld-Simmern nicht möglich gewesen, das Vorhaben in Angriff zu nehmen.

Die ersten vierzig Jahre unseres Lebens liefern den Text, die folgenden dreißig Jahre den Kommentar dazu.
Arthur Schopenhauer

Ich hoffe und wünsche, dass die Bauarbeiten unfallfrei ablaufen und planmäßig erfolgen können. Das gilt auch für die Baustelle des Bahnhofs hier in Blickweite, wo gerade neue Serviceeinrichtungen geschaffen werden. Der Untergrund war ja schwieriges Gelände und 600 Betonpfeiler mussten erst gegossen werden, damit die Bodenplatte des neuen Hauses auch sicher und standfest ist.

Und so hoffe ich, dass wir dann im Mai 2007 gemeinsam Einweihung feiern und stolz auf das neue Altenpflegeheim schauen können.

40 Jahre Kreisaltenheim

Herr Pfarrer,
Herr Bürgermeister,
sehr geehrter Herr Geschäftsführer,
Herr Heimleiter,
verehrte Gäste,

40 Jahre Kreisaltenheim Niederaula und Einweihung der neuen Kurzzeitpflegeeinrichtung – es sind gleich zwei besonders erfreuliche Anlässe, die uns alle und so viele Gäste hier zusammenführt. Ich begrüße Sie alle recht herzlich namens der Gremien des Landkreises Hersfeld-Rotenburg und freue mich, dass das Kreisaltenheim und seine Erweiterung so viel Interesse und so viel wohlwollende Unterstützung finden.

Scheint dir auch mal das Leben rau, sei still und zage nicht, die Zeit, die alte Bügelfrau, macht alles wieder schlicht.
Wilhelm Busch

Alte Menschen brauchen die Solidarität der Gemeinschaft. Sie benötigen, wenn sie gebrechlich sind und nicht mehr selber so gut für sich sorgen können, Betreuung, Hinwendung, Pflege und Fürsorge. Hier im Altenheim des Landkreises in Niederaula werden seit vier Jahrzehnten alte Menschen würdevoll und fürsorglich betreut und begleitet. Es ist dies eine Aufgabe der Gemeinschaft, nachdem die Familie als Sozialverband immer mehr in den Hintergrund getreten ist. War es früher so, dass mehrere Generationen zusammen aufwuchsen, die Großeltern zunächst die Enkel betreuten, um dann von den Kindern und Schwiegerkindern gepflegt zu werden, wenn es nötig war, so ist das heute völlig anders.

Single-Haushalte nehmen zu. Familien leben nicht mehr so lange zusammen. Kinder ziehen weg und gründen weitab vom Elternhaus eigene Familien. Die sozialen Bindungen sind lockerer geworden und das soziale Netz ist viel weitmaschiger angelegt. Für Heimpflege alter und gebrechlicher Menschen ist oftmals keine Möglichkeit mehr.

An dieser Stelle übernimmt der Landkreis die fürsorgende Funktion. Mit der Einrichtung von Altenzentren, Altenheimen und Altenbetreuung tritt der Landkreis an die Stelle derjenigen, die vormals in den Familien für die alten Menschen da waren. Viele alte Menschen sind dankbar, wenn sie in einem Altenheim ihren Lebensabend verbringen können. Sie haben häufig die Sorge, ihren Angehörigen zur Last zu fallen und wollen dies nicht. Im Altenheim sind sie gut untergebracht, werden fachgerecht betreut und gut versorgt. Sie selber wissen sich gut aufgehoben und ihre Angehörigen wissen sie in guten Händen.

Das kommt nicht von ungefähr. Der gute Ruf der Kreis-Alteneinrichtungen gründet sich auf den Menschen, die darin arbeiten. Es fängt an bei den Altenpflegern und Altenpflegerinnen, schließt die ärztlichen Betreuer und alle anderen ein und geht über die Heimleitung bis zur Geschäftsführung der

Kreisaltenpflege. Ihnen allen gilt unser Dank für die treu sorgende Arbeit, die sie leisten, und den Dienst am Nächsten.

Im Alter bereut man vor allen die Sünden, die man nicht begangen hat.
William Somerset Maugham

Das gilt bisher, das gilt mit Sicherheit auch für die neue Einrichtung, die wir heute einweihen. Kurzzeitpflege im Kreisaltenheim Niederaula bietet ab sofort mit 14 Plätzen die Gelegenheit, alte Menschen für einige Tage in beste Betreuung geben zu können. Sei es nach einem Krankenhausaufenthalt zum kurzfristigen Übergang, oder sei es, weil diejenigen, die die alten Menschen zu Hause pflegen, einmal für ein paar Tage ausspannen wollen. Denn es gibt sie natürlich auch noch, die Pflege alter Menschen zu Hause, in der Familie, wenn auch schon lange nicht mehr in dem Umfang, wie noch vor einigen Jahrzehnten.

Diese neue Einrichtung, zu der das ehemalige Schwesternwohnheim für rund 850 000 Euro umgebaut wurde, ist ein Angebot, das zunehmend mehr nachgefragt wird. Die 14 Plätze werden sicherlich schon in Kürze belegt sein.

Der »Tag der offenen Tür«, zu dem heute eingeladen ist, gibt vielen Menschen Gelegenheit, sich im Kreisaltenheim einmal umzuschauen. Wir werden alle älter. Und sicherlich werden auch wir, die Lebensjüngeren, eines Tages darüber nachzudenken haben, wie wir unseren Lebensabend gestalten und verbringen wollen. Da ist es beruhigend zu wissen, dass der Landkreis im Kreisaltenheim Niederaula eine Einrichtung anbietet, in der man den Herbst des Lebens würdevoll, altersgerecht und bestens betreut erleben kann.

Mit dem Dank an alle Beteiligten für den gelungenen Umbau verbinde ich den Stolz der Verantwortlichen auf diese fürsorgende Einrichtung des Kreisaltenheimes Niederaula, jetzt auch zusammen mit der Kurzzeitpflege für alte Menschen.

Ich wünsche Ihnen und uns allen einen angenehmen Tag der offenen Tür hier im Kreisaltenheim Niederaula.

Zitate Senioren & Ältere

Alte Leute sind der Stolz des Hauses.
Aus Japan

Alte Wege und alte Freunde sind allemal die besten.
Deutsches Sprichwort

Rotwein ist für alte Knaben
eine von den besten Gaben.
Wilhelm Busch, 1832–1908, deutscher Dichter und Maler

Wir loben die gute alte Zeit, leben aber gerne in der Gegenwart.
Ovid, 43 v. Chr.–17 n. Chr., römischer Dichter

Nichts ist so sehr für die gute alte Zeit verantwortlich wie das schlechte Gedächtnis.
Anatole France, 1844–1924, französischer Schriftsteller

Das Menschenleben ist seltsam eingerichtet:
Nach den Jahren der Last hat man die Last der Jahre.
Johann Wolfgang von Goethe, 1749–1832, deutscher Dichter

Alter spielt überhaupt keine Rolle, es sei denn, man ist ein Käse.
Schweizer Sprichwort

Die Begierde, die junge Dame, hört nicht immer ehrfurchtsvoll zu,
was der Verstand, der alte Herr, zu sagen hat.
Gustav Freytag, 1816–1895, deutscher Schriftsteller

Das neue Jahr sieht mich freundlich an, und ich lasse das alte
mit seinem Sonnenschein und Wolken ruhig hinter mir.
Johann Wolfgang von Goethe, 1749–1832, deutscher Dichter

Vereine & Verbände

»Gleich zu Gleich gesellt sich gern«, sagt der Volksmund. Recht hat er. Und getreu diesem Motto haben sich in den Jahrhunderten in Deutschland Zünfte gefunden, Innungen gebildet, Vereine wurden gegründet, Gemeinschaften haben sich gebildet. Gleiche Ziele und Ideale führen zusammen und lassen Menschen zueinander finden, die ähnliche Ziele haben und sie gemeinsam verfolgen wollen.

Niemand kennt die Gesamtzahl aller Vereine und Verbände in Deutschland, doch die Zahl geht in die Millionen. Viele sind karitativ, andere der Spaßgesellschaft gelebt. Die Palette ist so breit, wie das Leben. Doch eines haben alle gemeinsam: In der Mitte steht der Mensch.

20 Jahre »Grüne Damen«

Sehr verehrte Frau Diener,
liebe Mitarbeiterinnen der Ehrenamtlichen Krankenhaushilfe,
verehrte Gäste,

Sie, verehrte »Grüne Damen«, stehen im Alltag nicht im Licht der öffentlichen Aufmerksamkeit. Sie wirken im Hintergrund. Bescheiden, zurückhaltend, still, aber erfolgreich, wohltuend und karitativ. Heute allerdings wollen wir Sie einmal in das rechte Licht rücken und Ihnen Dank sagen für Ihr großes Engagement und Ihren selbstlosen Einsatz.

Unsere Gesellschaft hat sich in den zurückliegenden Jahrzehnten leider sehr stark in Richtung Individualität, Egoismus und persönlichem Vorteil entwickelt. Das, was Sie, die »Grünen Damen«, hier im Klinikum seit 20 Jahren leisten, ist das genaue Gegenteil dieser Entwicklung. Sie wirken ehrenamtlich und still zum Wohle und zum Wohlbefinden der Patientinnen und Patienten, ohne es an die sprichwörtlich »große Glocke« zu hängen.

Es ist unermesslich, was in den langen Jahren ehrenamtlicher Krankenhaushilfe an Trost, an Zuspruch, an Mutspenden, an praktischen Hilfeleistungen erbracht wurde. Das Entscheidende für Ihren Dienst ist sicher das »Da-sein, das Hand-reichen, das Zeit-haben«.

Kirchenrätin Brunhilde Fabricius, die Vorsitzende des Deutschen Evangelischen Frauenbundes, hat die »Grünen Damen« einmal als »Ersatzverwandte« bezeichnet. Eine wundervoll treffende Beschreibung. Denn Sie erfüllen Aufgaben, die früher, als es noch größere Familien gab, die auch enger zusammenlebten, von den Verwandten erfüllt wurden. Heute ist dies anders. Sie wissen um die Menschen, die einsam sind, um Menschen ohne Angehörige, von den Menschen, die auf der Durchreise verunglücken. Viele Einzelschicksale sind Ihnen bekannt und zwischenmenschliche Armut offenbart sich Ihnen.

Eines ist Verlassenheit, ein anderes Einsamkeit.
Friedrich Nietzsche

Guten Menschen Gesellschaft zu leisten ist die beste Methode, selbst ein guter Mensch zu werden.
Miguel de Cervantes

Verehrte Gäste, das Klinikum hat in den vergangenen 20 Jahren eine bemerkenswerte Entwicklung genommen und sich baulich, strukturell und inhaltlich enorm weiterentwickelt. So wurde zum Beispiel

- die Abteilung für Geriatrie aufgebaut und erweitert,
- die orthopädische Klinik ausgegliedert,
- die psychiatrische Abteilung dem Klinikum angegliedert,
- ein vorbildlicher Neubau für die Psychiatrie in Betrieb genommen und
- das Bettenhaus Süd wurde im Rohbau fertig gestellt und wird voraussichtlich in diesem Jahr innen ausgebaut,
- die Medizintechnik wurde weiterentwickelt und
- das Personal wurde im Laufe der Vergrößerung des Klinikums aufgestockt.

Und zugleich ist es uns in all diesen Jahren gelungen, unser Krankenhaus, diesen riesigen Dampfer, auf Kurs zu halten. Und nicht nur das, unser Krankenhaus hat nach meiner Wahrnehmung auch bei der Bevölkerung einen guten Ruf und eine hohe Akzeptanz. Dies erreicht man nicht nur durch Gebäude, Medizintechnik und Medikamente; dies erreicht man durch fachliche Kompetenz, Zuwendung und – ich will das einmal so nennen – den guten Geist, der in einem Hause herrscht.

Einer dieser »guten Geister« im Klinikum sind die «Grünen Damen«. Die ehrenamtlichen Krankenhaushelferinnen leisten in ihrer Freizeit unschätzbare Dienste in vielfältiger Form. Sie schließen Lücken, die in der heutigen Ökonomisierung der Medizin und der gesellschaftlichen Realität leider nahezu zwangsläufig bleiben.

Aber der Dienst ist auch anstrengend. Er kostet Kraft! Die »Grünen Damen« werden bei ihren Besuchen auf den Stationen mit Sorgen und Leid konfrontiert. Manchmal besteht die am dringendsten benötigte Hilfe im Zuhören. Am Bett sitzen, miteinander schweigen, beten, sich dem anderen zuwenden. Manchmal geht es aber auch um ganz praktische Dinge. Mit viel Fingerspitzengefühl ist die Situation einzuschätzen und entsprechend zu handeln. Lebenserfahrung ist dafür eine wichtige Voraussetzung.

Anerkennung ist der Sauerstoff für menschliche Beziehungen.
Deutsches Sprichwort

Für Ihren bisherigen ehrenamtlichen Dienst gebührt Ihnen, liebe Frau Diener, und allen »Grünen Damen« unser aller Respekt, unsere Anerkennung und ein herzliches Dankeschön.

Ich wünsche mir, dass dieses beispielhafte Engagement weiterhin Früchte trägt, dass Sie uns mit Ihrem ehrenamtlichen Dienst dabei helfen, unser Krankenhaus auch als Institution der Menschlichkeit weiterzuentwickeln.

Bringen Sie weiterhin Wärme, Geduld, Licht in unser, in Ihr Krankenhaus. Danke im Namen der zahllosen Menschen, für die Sie bisher da waren, danke, dass Sie auch weiterhin für unsere Patienten da sein werden.

Möge Gott Ihnen auch weiterhin die nötige Kraft und Geduld schenken.

50 Jahre Landfrauenverein

Liebe Landfrauen,
verehrte Gäste,

Frauen im Alten Land haben eine starke Stimme: Den Landfrauenverein. Parteipolitisch unabhängig, auf christlicher Grundlage, jedoch überkonfessionell setzt sich der Landfrauenverein für die Verbesserung der Lebensverhältnisse im ländlichen Raum ein. Sehr erfolgreich, sehr durchsetzungsstark und sehr engagiert. Mit großer Freude und Stolz können die Landfrauen Altes Land nunmehr den 50. Geburtstag ihrer Vereinsgründung feiern.

Im Jahr 1955 haben weitsichtige Frauen der Region den Landfrauenverein gegründet. Schon damals war erkennbar, dass für die Aufrechterhaltung einer intakten Gemeinschaft bürgerschaftliches Engagement sowie eine vereinsübergreifende Mitwirkung von großem Vorteil für die Bürgerschaft und die Gemeinde ist.

Der Landfrauenverein Altes Land hat sich in den vergangenen fünf Jahrzehnten hervorragende Verdienste um Familien- und Lebensfragen, um Gesundheit und Ernährung, aber auch um die Gesellschaftspolitik und um den Umweltschutz erworben.

Charme fesselt das Auge, aber Verdienst erobert die Seele.
Alexander Pope

Gemeinsam mit dem Kreislandfrauenverband Stade hat der Landfrauenverein Altes Land sich insbesondere um die Information und Weiterbildung seiner Mitglieder auf beruflichen, sozialen, politischen und kulturellen Gebieten gekümmert und darüber hinaus die Interessen der Frauen im ländlichen Raum engagiert wahrgenommen und vertreten. Und zusammen mit den Verbänden, Organisationen und Institutionen in den Landkreisen und auf Landesebene ist so eine starke Stimme entstanden, die die Interessen speziell der Frauen im Lande formuliert.

Neben all diesen Tätigkeiten ist der Verein Treffpunkt für Frauen jeden Alters – jung und alt.

Im gesellschaftlichen Bereich ist die Weiterbildung, die Wissensvermittlung um das dörfliche Leben, sowie die allgemeine Information zu vielen Fragen des Lebens im ländlichen Raum von hoher Bedeutung.

Die Landfrauen sind wichtiger Bestandteil der Vereinsgemeinschaft, organisieren eigene Aktivitäten und unterstützen die kulturellen und geselligen Veranstaltungen. Mit ihren Lehrfahrten vermitteln sie ihren Mitgliedern interessantes Wissen zum dörflichen Leben. Und das neue Buch ist ein ganz besonderer Beitrag für eine kulinarische Rundreise durch das Alte Land.

Namens der Gremien des Landkreises beglückwünsche ich die Mitglieder des Landfrauenvereines zu ihrem Jubiläum. Ich danke allen Vorstandsmitgliedern für ihr vorbildliches bürgerschaftliches Engagement. Den Feierlichkeiten zum 50. Jubiläum wünsche ich einen guten Verlauf und hoffe, dass sich die Gäste aus Nah und Fern bei dem interessanten Programm wohlfühlen und sich gerne an den runden Geburtstag des Landfrauenvereins Altes Land erinnern.

45 Jahre Hauswirtschafts- und Verbraucherberatung

Liebe Frau Vorsitzende,
meine sehr geehrten Damen und Herren,

der Volksmund weiß es schon sehr lange und hat es trefflich formuliert: »Wem nicht zu raten ist – dem ist auch nicht zu helfen.« Genau so ist es. Ein guter Rat zur rechten Zeit, ein Tipp hier, ein Hinweis dort – wir alle kennen doch das Gefühl, wie gut es ist, wenn man sich auf einen Ratschlag verlassen kann. Sei es von einer guten Freundin, einem Freund, einem Verwandten oder guten Bekannten. Oder von einem Fachmann, dem man vertraut.

Es gibt viele Situationen, in denen Menschen Rat und Hilfe benötigen. Krankheit, Alter, Behinderung, längere Abwesenheit der haushaltführenden Personen und vieles andere mehr. Wenn etwas nicht allein geschafft werden kann, braucht man Hilfe. Und dafürsteht der DHB – ein anerkanntes Dienstleistungsunternehmen mit Mitarbeitern, denen Sie zu Recht Ihr Vertrauen schenken und ihre Hilfe in Anspruch nehmen können.

Die Fachfrauen in der Hauswirtschafts- und Verbraucherberatung des Deutschen Hausfrauenbundes in Schwerte stehen seit nunmehr 45 Jahren mit Rat und Tat zur Seite. Sie sind kompetente und freundliche Anlaufstelle für Verbraucherinnen und Verbraucher aus der Region, sie geben Auskunft und informieren über Hintergründe und Details.

Diese Arbeit verdient Dank. Beratung und Unterstützung für Dritte ist Arbeit für den Nächsten. In einer Zeit, in der vieles nur auf materielle Dinge ausgerichtet scheint, ist dieses Engagement um so höher zu bewerten.

Mit dem Dank an alle Frauen, die sich in den zurückliegenden 45 Jahren für die Hauswirtschafts- und Verbraucherberatung des Deutschen Hausfrauenbundes in Schwerte eingesetzt haben, verbinde ich die Hoffnung, dass es gelingt, diese Institution weiterzuführen und zu sichern. Damit noch vielen Menschen in der Region geraten und geholfen werden kann.

40. Jubiläum eines Kleingartenvereins

Lieber Herr Vorsitzender,
sehr geehrter Herr Bürgermeister,
verehrte Gäste
und liebe Kleingärtnerinnen und Kleingärtner,

es ist schön hier draußen bei Ihnen. Sie haben es sich hier sehr gemütlich eingerichtet und ich beglückwünsche Sie zu Ihrer gelungenen Anlage. Pünktlich zu Ihrem 40. Jubiläum spielt ja auch das Wetter mit und wir können hier draußen gemeinsam feiern, was ja doch schöner ist als bei Regen in einem geschlossenen Raum.

Verehrte Gäste, nicht nur im Leben des Menschen, sondern auch in der Gemeinschaft der Vereine zählen Geburtstage und Jubiläen zu den schönsten Festen des Jahres.

In diesem Jahr kann der Kleingartenverein Kupferstrauch Bad Hersfeld auf sein 40-jähriges Bestehen zurückblicken. Ich überbringe Ihnen, lieber Herr Vorsitzender, und allen Vereinsmitgliedern die herzlichen Grüße und Glückwünsche der Gremien des Landkreises und füge meine ganz persönliche Gratulation mit an.

Die Nutzung und der Nutzen der Kleingärten haben sich in den zurückliegenden Jahren deutlich gewandelt. Mitte der 60er-Jahre des vergangenen Jahrhunderts, als diese wunderbare Anlage entstand, herrschte ja schon nicht mehr solcher Mangel an Obst und Früchten, wie etwa kurz nach den Weltkriegen, als ein kleines Stückchen Land noch lebenswichtig für die eigene Versorgung war.

An die Stelle des Versorgungsgartens ist heute der Erholungs- und Freizeitgarten getreten. Der Anbau von Obst und Gemüse ist gegenüber dem Freizeit- und Erholungswert in den Hintergrund getreten.

Die Blumen machen den Garten, nicht der Zaun.
Deutsches Sprichwort

Vereine fördern die Bestrebungen ihrer Mitglieder und stören die der anderen.
Robert Musil

Durch ihre gute Lage am Rande der Kreisstadt ist das Gebiet Ihres Vereins sozusagen »vor der Tür« und damit für viele Gartenfreunde schnell zu erreichen, wenn sie ihre Freizeit in der Natur genießen wollen. Verehrte Gäste, Kleingärtner stehen ja nicht so sehr im Rampenlicht der Öffentlichkeit wie andere Vereine. Und doch leisten Kleingärtnervereine etwas ganz Wichtiges: Sie führen Menschen zusammen. Und für viele ist das Stückchen Garten, das sie hier haben, eine Oase der Ruhe, ein Ort der Entspannung.

Er ist zugleich auch eine Stätte der Begegnung: Sei es beim Blick und beim Plausch über den Gartenzaun, sei es bei der fachlichen Erörterung von Anbaufragen oder sei es beim geselligen Miteinander hier in Ihrer aller Gemeinschaftseinrichtung, auf die Sie zu Recht stolz sein können.

Ich hoffe, dass diese gut gepflegte Anlage, die mit viel Eigeninitiative und finanziellen Opfern im Laufe der Jahre geschaffen worden ist, Ihnen allen noch lange Freude bereitet.

Trachtenvereinsfest

Verehrte Ehrengäste,
meine sehr geehrten Damen und Herren!

Sport verbindet die Nationen und führt Menschen zusammen. Das sehen wir einmal mehr heute Abend, wenn die jungen Leute aus Argentinien, Polen, Tschechien und Deutschland ihr großes Können zeigen und uns unterhalten.

Der gastgebende Heimat- und Volkstrachtenverein »D`Ossabuam« Lam e. V. ist eine lebendige Gruppe, die sich dem folkloristischen Sportvergnügen verschrieben hat. Bewegung einerseits, aber auch Bewahrung der Trachtenkultur sind die beiden Säulen, auf denen das muntere Vereinsleben steht.

Dieses 4. Internationale Trachtenfest wird wieder eine Augenweide sein für die zahlreichen Freunde, Nachbarn und Gäste, die das Ereignis aus der regionalen Nachbarschaft nach Lam anziehen wird. Es ist Leben im Dorf – und das ist gut so.

Feiertage sind die Atempausen der Seele.
Walter Nenzel

Ich beglückwünsche Sie zu diesem farbenfrohen und ausgelassenen Fest und zu diesem unterhaltsamen und kurzweiligen Programm. Und ich überbringe Ihnen als Landrat die herzlichen Grüße der Gremien des Landkreises Cham und füge meine ganz persönlichen gerne an. Es ist eine großartige Mischung aus Tanz und Show und Begegnung. Internationale Gruppen treffen sich hier in Lam, um gemeinsam zu tanzen und zu feiern.

Ich wünsche allen Gästen vergnügte Stunden und dem Verein ein gutes Gelingen dieses wunderbaren Festes. Vor allen Dingen aber hoffe ich, dass diese gute Tradition fortgesetzt und für die Zukunft bewahrt werden kann.

25. Jubiläum Volkstanz- und Trachtengruppe

Verehrte Festgäste,

Heimat ist da, wo man sich wohl fühlt. Die Volkstanz- und Trachtengruppe Vaale trägt seit nunmehr 25 Jahren dazu bei, dass sich Besucher und Bürger in Vaale wohl fühlen, sich ein Stück weit damit identifizieren, die Geschichte kennen lernen, sowie Tradition und Brauchtum erhalten bleiben.

In unserer schnelllebigen Zeit, in der nur allzu leicht bewährte Wertemaßstäbe über Bord geworfen werden, steht die Volkstanz- und Trachtengruppe Vaale gegen diese Leichtfertigkeit eines vermeintlich modernen Lebens. Deshalb freue ich mich auch sehr, Ihnen zum 25. Jubiläum die herzlichen Grüße der Gremien des Landkreises Steinburg zu überbringen. Und ich füge meine persönlichen Glückwünsche gerne an.

Das Verhängnis unserer Kultur ist, dass sie sich materiell viel stärker entwickelt hat als geistig.
Albert Schweitzer

Anfang der 80er-Jahre des vergangenen Jahrhunderts schlossen sich Männer und Frauen hier im Dorf zusammen, um Brauchtum und Tracht des Amtes Steinburg zu bewahren. Es war ja eigentlich eine Zeit, in der das genaue Gegenteil Mode war: Man war vermeintlich progressiv, fortschrittlich und wendete sich ab von Tradition und Geschichte.

Gegen den Trend gründete sich damals in Vaale die Volkstanz- und Trachtengruppe. Und gegen den Trend und den Zeitgeist müssen Sie, die Aktiven des Vereins, auch heute wieder ankämpfen: Es fehlt an Nachwuchs, der lieber in der Disko zappelt, als sich der Pflege des Brauchtums und der Bewahrung der Tradition zu widmen. Nichts gegen Diskos, aber richtiges Tanzen, habe ich mir sagen lassen, lernt man doch eher hier im Volkstanz- und Trachtenverein. Wer eine Polka tanzt, muss mit verschiedenen Partnerinnen und Partnern zurechtkommen, und wer dies beherrscht, kann auch tanzen.

Verehrte Gäste, nicht nur Ihnen im Volkstanz- und Trachtenverein Vaale fehlt der Nachwuchs. Er fehlt uns allen. Wir bemerken zunehmend und zunehmend schmerzlicher, dass keine Kinder mehr geboren werden. In wenigen Jahren werden zuerst die Kindergärten geschlossen, dann die Schulen und dann andere Teile der Infrastrukturen, wenn sich nicht Grundlegendes ändert. Diese Änderung ist allerdings nicht in Sicht. Die demographische Entwicklung ist alarmierend und es kommen große Probleme auf uns zu, wie wir den Wandel der Gesellschaft bewältigen wollen.

Hier in Vaale bemerken Sie alle bei Ihnen im Dorf das, was mir als Landrat in vielen Teilen des Kreises berichtet wird und was mir große Sorge macht: Wie können wir uns auf die Herausforderung der demographischen Entwicklung so einstellen, dass nicht alles wegbricht. Und wie können wir Strukturen bewahren, damit nachkommende Generationen auch noch gut leben können.

23 Mitglieder bilden derzeit die aktiven Reihen der Volkstanz- und Trachtengruppe Vaale. Das 25. Jubiläumsfest ist eine tolle Werbung für den Verein und

für das Brauchtum und die Tracht des Amtes Steinburg. Nutzen Sie diese Geburtstagsveranstaltung, um die Gäste aus den umliegenden Dörfern anzusprechen, ob nicht Sohn oder Tochter für den Tanz in Vaale begeistert werden können. Auch gegen den Trend, denn im Zeitalter von Laptop, Lasershow und Blockbuster ist Volkstanz nicht besonders trendy. Doch es lohnt sich, dafür zu kämpfen und so für die Zukunft des Vereins zu arbeiten.

Ich wünsche Ihnen alles Gute. Zum Geburtstagsfest gute Laune, Freude und gesellige Stunden. Für die Pflege des Brauchtums und der Tracht des Amtes Steinburg brauchen Sie Beharrlichkeit und Ausdauer. Für beides sind die Menschen hier bekannt. Daher bin ich optimistisch, dass wir gemeinsam noch lange Jahre frohe Feste miteinander feiern können. Alles Gute, weiterhin viel Erfolg zum Wohle des Vereins und zum Wohle der Trachtensache.

Zitate Vereine & Verbände

Allein ist besser als mit Schlechten im Verein,
mit Guten im Verein ist besser als allein.
Friedrich Rückert, 1788–1866, deutscher Dichter

Wir leben nicht im Zeitalter der Stände, sondern der Verbände.
Arnold Bergsträsser, 1896–1964, deutscher Kulturhistoriker
und Politikwissenschaftler

In Deutschland bilden zwei einen Verein. Stirbt der eine, so erhebt sich der andere zum Zeichen der Trauer von seinem Platze.
Karl Kraus, 1874–1936, österreichischer Schriftsteller, Publizist und Satiriker

Gesang und Liebe in schönem Verein, sie erhalten dem Leben den Jugendschein.
Friedrich Schiller, 1759–1805, deutscher Dichter

Sport stärkt Arme, Rumpf und Beine, kürzt die öde Zeit, und er schützt uns durch Vereine vor der Einsamkeit.
Joachim Ringelnatz, 1883–1934, deutscher Lyriker und Maler

Heimat ist nicht der Ort, sondern die Gemeinschaft der Gefühle.
Bodeninschrift in der Galerie der Gegenwart in Hamburg

Eine Gemeinschaft ist wie ein Schiff: Jeder sollte bereit sein, das Ruder zu übernehmen.
Henrik Ibsen, 1828–1906, norwegischer Schriftsteller

Wir sind geboren, um gemeinsam zu leben. Und unsere Gemeinschaft ähnelt einem Gewölbe, in dem die Steine einander am Fallen hindern.
Lucius Annaeus Seneca, etwa 4 v. Chr.– 65 n. Chr., römischer Philosoph und Schriftsteller

Es gibt keine Gemeinschaft und es kann keine geben, in der das Solidaritätsprinzip nicht gilt.
Oswald von Nell-Breuning, 1890–1991, katholischer Theologe und Sozialwissenschaftler

Kultur hängt davon ab, wie die Menschen gelernt haben, miteinander umzugehen.
Alexander Mitscherlich, 1908–1982, deutscher Arzt und Schriftsteller

Der Mensch für sich allein vermag gar wenig und ist ein verlassener Robinson; nur in der Gemeinschaft mit den andern ist und vermag er viel.
Arthur Schopenhauer, 1788–1860, deutscher Philosoph

Dass wir miteinander reden können, macht uns zu Menschen.
Karl Jaspers, 1883–1969, deutscher Philosoph

Wer zur Gemeinschaft unfähig ist, der ist es auch zur Freundschaft.
Plato, 427–348 v. Chr., griechischer Philosoph

Besonderes & Spezielles

Das kennt der Sammler zur Genüge: Da hat man alles schön fein säuberlich nach Kategorien geordnet, einsortiert und Passendes zusammengefügt und doch bleibt immer etwas übrig. Es passt nicht so recht zu einer Kategorie, in einer anderen Schublade wäre es auch nicht richtig beheimatet, also, was bleibt übrig?

Richtig: Man eröffnet eine eigene Sammlung dessen, was nirgends so recht einzuordnen ist. Häufig ist dieses Sammelsurium besonders spannend oder attraktiv, denn Unikate haben ihren eigenen ungeteilten Reiz. Solch »Besonderes & Spezielles« braucht auch ganz spezielle Grußworte und Gedanken.

40 Jahre Lebenshilfe

Sehr geehrter Herr Vorsitzender,
verehrte Gäste,
meine sehr geehrten Damen und Herren,

unser Grundgesetz regelt in Artikel 3 nicht nur, dass alle Menschen vor dem Gesetz gleich und Männer und Frauen gleichberechtigt sind, es schreibt auch als Grundrecht fest, dass niemand wegen seiner Behinderung benachteiligt werden darf. Sie, die Mitglieder in der Lebenshilfe Krefeld e.V., kümmern sich seit jetzt vier Jahrzehnten darum, dass Menschen mit einer geistigen Behinderung akzeptierte Mitglieder der Gesellschaft sind und bleiben – und dass sie geachtet werden.

Der Krefelder Verein Lebenshilfe ist einer von insgesamt 540 Lebenshilfe-Vereinen in ganz Deutschland. Sie alle haben sich zum Ziel gesetzt, die Interessen und die Rechte geistig behinderter Menschen zu vertreten. Ich begrüße dieses Engagement sehr: Wir haben die Pflicht, uns um diejenigen zu kümmern, die nicht zu den Stärksten in der Gesellschaft zählen. Wir müssen für diejenigen sorgen, die nicht oder nur schwer für sich selber sorgen können. Wir haben soziale Verantwortung denen gegenüber, die geistig oder körperlich behindert sind. Sie und Ihr Verein, stellen sich in ganz besonderer Weise dieser Aufgabe.

Die Summe unserer Erkenntnisse besteht aus dem, was wir gelernt, und aus dem, was wir vergessen haben.
Marie von Ebner-Eschenbach

Sie haben sich diesen Idealen verschrieben. Es wird immer wieder Menschen mit geistigen oder anderen schweren Behinderungen in unserer Gesellschaft geben. Sie brauchen Hinwendung und Fürsorge und sie wollen so, wie sie sind, auch akzeptiert und angenommen werden. Menschen mit Behinderungen wollen und sollen die Chance erhalten, ihre Fähigkeiten zu entwickeln, damit sie ein erfülltes, möglichst selbst bestimmtes Leben nach ihren Bedürfnissen und Wünschen führen können.

»Es ist normal verschieden zu sein« – so lautet das Leitmotiv der Lebenshilfe. Wer einmal darüber etwas genauer und tiefer nachdenkt, wird sehr schnell feststellen, dass dieser Leitgedanke uns alle auffordert, anders miteinander umzugehen: Nicht die Behinderung soll im Mittelpunkt stehen, sondern der Mensch!

Wenn eine Idee nicht zuerst absurd erscheint, taugt sie nichts.
Albert Einstein

In Krefeld kooperieren wir schon sehr lange und sehr erfolgreich miteinander. Wir integrieren Schülerinnen und Schüler in die Klassen der allgemeinbildenden Schulen. Wir grenzen nicht aus, wo Integration machbar und sinnvoll ist. Wir sorgen für bestmögliche Ausbildung körperlich oder geistig behinderter Kinder und legen so die Grundlagen für eine spätere berufliche Entwicklung. Wir wirken zusammen beim Familien entlastenden Dienst, weil wir wollen, dass behinderte Menschen so lange wie möglich in ihrer gewohnten Umgebung leben können und nicht ins Heim müssen.

Bei vielen dieser Aktivitäten ist die Lebenshilfe Partnerin; und die Lebenshilfe Krefeld ist eine starke und wirkungsvolle Interessenvertretung für behinderte Menschen und ihre Familien.

Engagierte Menschen tragen dazu bei und bilden die Voraussetzung, dass es auch in Zukunft so bleibt. Ich danke Ihnen für dieses Engagement, für diese gelebte Nächstenliebe. Und ich wünsche Ihnen die Kraft, Ihr Wirken auch weiterhin einzubringen. Wir alle können nicht darauf verzichten – am wenigsten die Menschen mit Behinderung.

Mit dem Dank für Ihr Engagement in den zurückliegenden vier Jahrzehnten verbinde ich zugleich die Hoffnung, dass der Verein Lebenshilfe noch lange für die Interessen behinderter Menschen kämpft und sich einsetzt. Denn mit der Lebenshilfe haben die Schwachen einen starken Partner.
Vielen Dank und alles Gute.

Neubau einer Behindertenbetreuung

Sehr geehrte Frau Regierungspräsidentin,
Herr Bürgermeister,
meine sehr geehrten Damen und Herren,

heute ist ein starker Tag für die Schwachen in unserer Gesellschaft: Für diejenigen, die behindert sind und um die wir uns besonders kümmern müssen. Mit dem Spatenstich für diesen Neubau geben wir das Signal, dass wir uns um diejenigen bemühen, die unsere Hilfe und Fürsorge brauchen. 24 Dauerplätze und zwei Kurzzeitplätze werden in dieser Anlage entstehen. Und wir, der Verein Soziale Förderstätten, sind froh und glücklich, dass uns die Bezirksregierung bei diesem anspruchsvollen und teuren Vorhaben unterstützt.

Ihnen, Frau Regierungspräsidentin, sagen wir stellvertretend für alle Entscheidungsträger herzlichen Dank für die großzügige Unterstützung, ohne die der Verein kaum oder gar nicht in der Lage gewesen wäre, diese Wohnstätte für Behinderte zu errichten. Auch so ist der Eigenanteil von rund 450 000 Euro noch ein großer Brocken, den der Verein aufzubringen hat.

Wir leisten diese Anstrengungen gerne, weil wir glauben, dass es unsere Verpflichtung ist, keinen zurückzulassen. Jeder hat eine Chance verdient. Jeder, ganz gleich ob behindert oder nicht, hat seine Stärken, die gefördert werden wollen und müssen. Die Sozialen Förderstätten im Landkreis helfen inzwischen mehr als 600 Menschen mit geistiger oder seelischer Behinderung. Mit der neuen Einrichtung hier im Zentrum des Landkreises können 24 von ihnen in ihrer Heimat ein neues Zuhause finden. Es ist ein guter Tag für diejenigen, denen die Einrichtung helfen wird, und es ist ein guter Tag für alle, die daran mitgewirkt haben, dass wir heute hier sein und den ersten Spatenstich vollziehen können.

Die Krankheit sagt uns, was wir sind.
Kamillus von Lellis

Ich danke Ihnen allen im Namen der Behinderten und hoffe, dass der Neubau ohne Unfälle und zeit- und kostengerecht fertig gestellt werden wird.

Einweihung einer Sparkassenfiliale

Herr Vorstandsvorsitzender,
Herr Bürgermeister,
verehrte Gäste,

wir werden uns umstellen müssen! Die demographische Entwicklung der kommenden Jahrzehnte in unserer Heimat zwingt uns, über Strukturen nachzudenken und die Fragen zu beantworten, die aus der abnehmenden Bevölkerungszahl entstehen: Welche Infrastruktur brauchen wir in welcher Dichte für die Bewahrung von lebenswerten Gemeinschaften in der Fläche? Und wie können wir diesen Wandlungsprozess aktiv gestalten, statt nur wie ein Kaninchen auf die Schlange zu starren und abzuwarten, was passiert.

Warum sage ich dies anlässlich der Einweihung einer Filiale der Kreissparkasse? Ich spreche den bevorstehenden demographischen Wandel an, weil natürlich auch eine Filiale der Sparkasse ein Stück Infrastruktur vor Ort ist. Die Sanierung und Umgestaltung der Filiale hier in Sulzbach ist auch ein Signal, das das Institut geben möchte: kein Rückzug aus der Fläche, im Gegenteil, Präsenz vor Ort, Flagge zeigen, für den Kunden da sein.

Die Sparkasse ist eng mit ihren Kunden verbunden. Der Kunde hier in unserer Heimat sucht den Weg zu seiner Sparkasse vor Ort, er möchte ein persönliches Gespräch, den direkten Kontakt, er möchte wissen, wer für ihn da ist und ihn berät. Bei Finanzierungsfragen ebenso, wie auch bei Kleinigkeiten. Die Sparkasse weiß dies. Und sie handelt danach. Sie zieht sich eben nicht aus der Fläche zurück, weil sie ihre Kunden und deren Wünsche kennt. Nur eine Zentrale in der Stadt und ansonsten Online-Geschäft – das wäre zu wenig. Die Sparkasse geht den umgekehrten Weg: hin zum Kunden, Präsenz in der Fläche, Angebote vor Ort, persönliche Beratung und Betreuung.

Daher beglückwünsche ich den Vorstand der Sparkasse zu dieser neuen Filialgestaltung hier in Sulzbach: lichte Räume, angenehme Umgebung, funktionale Ausgestaltung im SB-Bereich und freundliche Service-Stände dort, wo der Kunde im direkten Gespräch mit einem der neuen Mitarbeiterinnen und Mitarbeiter ist.

Gut 11 000 Personenkonten werden hier geführt. Die Sparkasse wird hart daran arbeiten müssen, diese hohe Zahl zu halten, wenn in wenigen Jahren der Bevölkerungsrückgang einsetzt. Schon heute ist in Sulzbach jeder vierte Bürger älter als 65 Jahre. Doch mit einer neu gestalteten Einrichtung wie hier in der Filiale, mit Service und Dienstleistung, mit Freundlichkeit und direktem Kontakt, mit Gespräch und guter Kundenbeziehung, wird es der Sparkasse gelingen, das führende Institut vor Ort zu bleiben und auch in Zeiten abnehmender Kundenzahlen den bewährten Service aufrechtzuerhalten.

Der heutige Tag gibt ein deutliches Signal: Die Sparkasse bleibt vor Ort. Und ich denke, dies ist die richtige Botschaft in einer Zeit, in der wir an vielen Stellen leider das genaue Gegenteil erleben müssen. Ich beglückwünsche die Kunden der Sparkasse zu dieser gelungenen neuen Filiale. Ich beglückwünsche die Mitarbeiterinnen und Mitarbeiter zu diesen neuen, hellen Räumlichkeiten und ich hoffe, dass Kunden und Sparkasse hier noch lange miteinander zufrieden sein können. Alles Gute.

Neujahrsempfang Gewerkschaft

Sehr verehrter Herr Bischof,
Herr Oberbürgermeister,
verehrte Ehrengäste,
meine sehr geehrten Damen und Herren,

für gute Wünsche ist es selten zu früh und niemals zu spät. Daher kann es gar keinen Termin geben für einen Neujahrsempfang, der tatsächlich zu spät liegt. Und so bin ich heute gerne bei Ihnen, um den guten Brauch des Neujahrsempfangs zu pflegen, und freue mich, dass ich als Gast einige Grußworte an Sie richten darf.

Neujahrsempfänge sind ja nicht nur Gelegenheit, für das vorausliegende Jahr gute Wünsche nach Gesundheit, Wohlergehen, Erfolg und Zufriedenheit auszutauschen. Neujahrsempfänge sind auch Anlässe, einen Blick voraus zu werfen, Hoffnungen und Erwartungen zu formulieren und Ausblick zu halten.

Qualität beginnt damit, die Zufriedenheit des Kunden in das Zentrum des Denkens zu stellen.
John F. Akers

Verehrte Gäste, der Reformstau in unserem Lande ist zu hoch. Die Kraft zu Innovation und Fortschritt hat noch nicht recht Schwung aufgenommen. Der »Still-Standort Deutschland« blockiert sich selber an viel zu vielen Stellen. Wir alle fühlen, dass wir vor Zeiten stehen, in denen Veränderung angesagt ist. Wir alle ahnen und merken, dass es einen Wandel geben muss. In Politik und Wirtschaft und Gesellschaft. An genau dieser Stelle befinden wir uns: Wir wissen um die Notwendigkeit von Veränderung, nur es gibt noch keinen Konsens über das Wie und das Wohin.

In dem vielstimmigen Chor derer, die an der Diskussion um den Weg unseres Landes beteiligt sind, sind die Gewerkschaften eine wichtige Stimme. Das ist auch notwendig. Sie, die Gewerkschaften, vertreten diejenigen, die sich hinter ihren Fahnen sammeln und organisieren. Es sind dies Menschen, die überwiegend abhängig beschäftigt sind und um ihre Arbeitsplätze, ihre Arbeitsbedingungen und ihren Arbeitslohn kämpfen.

Wir in der politischen Verantwortung für diesen Landkreis und ich als Landrat bemühen uns intensiv, Arbeits- und Ausbildungsplätze im Landkreis zu halten und zu sichern, aber auch neue hinzuzugewinnen. Wir haben gerade den Startschuss gegeben für die Erschließung des großen, neuen Industriegebietes in Lichtenfels. Die Erschließungsarbeiten werden noch in diesem Jahr soweit abgeschlossen sein, dass wir mit der Akquisition von ansiedelungswilligen Industriebetrieben und Investoren beginnen können.

Wir tun dies, um eben neue Unternehmen für den Landkreis zu gewinnen. Wir brauchen moderne Arbeitsplätze. Wir brauchen Anreize für junge Menschen, hier zu bleiben. Wir müssen beweisen, dass sie auch hier eine

Bildung ist Dung für den Geist.
Erhard Blanck

anspruchsvolle und gesicherte berufliche Perspektive haben können. Wir benötigen hochwertige Ausbildungsplätze für junge Menschen. Es ist bedrückend, nachzuvollziehen, dass immer weiter und immer mehr junge Menschen in die Ballungsgebiete abwandern.

Nach wie vor haben wir starke Wanderungsverluste. Selbst wenn die Zahl mit etwa 1500 abgewanderten Menschen – und so viele waren es 2003 – auf den ersten Blick gering sein mag, so ist es doch dramatisch. Oder glaubt jemand allen Ernstes, dass es nicht die Besten, die Flexibelsten, die Jüngeren sind, die die Heimat verlassen, um an anderer Stelle in Deutschland, in Europa oder in Übersee ihr Glück zu machen.

Sicherlich: Jeder ist seines Glückes Schmied – nur wir wollen eben erreichen, dass diese Schmiede nicht in Großbritannien, Norwegen oder USA steht, sondern hier, in Lichtenfels, in Bad Sattelstein, in Burgkunstadt, in Michelau, in Redwitz oder Weismain. Daran arbeiten wir. Und dabei brauchen wir viel Unterstützung. Auch und gerade die Unterstützung von Gewerkschaften und Gewerkschaftlern. Mit Maß und Mitte, mit Augenmaß und Fingerspitzengefühl und mit Herz und Verstand.

Und ich hoffe sehr, dass wir gemeinsam Wege finden, die großen Herausforderungen der kommenden Jahre zu meistern. Ihr Motto: »Zuerst der Mensch« ist der Auftrag. Dafür brauchen wir bewahrende Kräfte ebenso, wie liberale und fortschrittliche Ideen und gewerkschaftliche Anstöße. Die Bürgerinnen und Bürger erwarten zu Recht, dass wir zusammenarbeiten, um in der gemeinsamen Kraft der demokratischen Kräfte die besten Lösungen zu finden.

Ich hoffe und wünsche, dass wir zusammen 2006 und in den kommenden Jahren für die Bürgerinnen und Bürger gute Arbeit leisten können.

Ihnen allen alles Gute, gute Gesundheit, Wohlergehen und Gottes Segen.

Zitate Besonderes & Spezielles

Ein Mensch hat dreierlei Wege, klug zu handeln: Erstens: durch Nachdenken, das ist der edelste, zweitens durch Nachahmen, das ist der leichteste und drittens durch Erfahrung, das ist der bitterste.
Konfuzius, 551–479 v. Chr., chinesischer Philosoph

Ich rate, lieber mehr zu können, als man macht, als mehr zu machen, als man kann.
Bertolt Brecht, 1898–1956, deutscher Schriftsteller

Kein Breitengrad, der nicht dächte, er wäre Äquator geworden, wenn alles mit rechten Dingen zugegangen wäre.
Mark Twain, 1835–1910, amerikanischer Schriftsteller

Man muss durch die Nacht wandern, wenn man die Morgenröte sehen will.
Khalil Gibran, 1883–1931, libanesischer Dichter und Künstler

So fängt denn alle menschliche Erkenntnis mit Anschauungen an, geht von da zu Begriffen und endigt mit Ideen.
Immanuel Kant, 1724–1804, deutscher Philosoph

Auch das größte Problem dieser Welt hätte gelöst werden können, solange es noch klein war.
Laotse, 570 bis ca. 490 v. Chr., chinesischer Philosoph

Die Fesseln der Gewohnheit sind zu leicht, als dass man sie spürte, bevor sie zu fest sind, um sie noch abzuschütteln.
Samuel Johnson, 1709–1784, englischer Schriftsteller und Kritiker

Lachen und Lächeln sind Tor und Pforte, durch die viel Gutes in den Menschen hineinhuschen kann.
Christian Morgenstern, 1871–1914, deutscher Dichter und Schriftsteller

Der Text dieses Buches entspricht den Regeln der neuen deutschen Rechtschreibung.
Sie finden uns auch im Internet unter www.randomhouse.de/suedwest

ISBN-10: 3-517-06945-0
ISBN-13: 978-3-517-06945-6

Lektorat: Berliner Buchwerkstatt, Vera Olbricht
Gestaltung: Berliner Buchwerkstatt, Ulrike Sindlinger
Umschlaggestaltung und -konzeption: R. M. E. Eschlbeck/Kreuzer/Botzenhardt
unter Verwendung eines Motivs von image 100
Projektkoordination: Silke Kirsch

Druck: Těšinská Tiskárna a.s., Cesky Tesin
Printed in the Czech Republic

817 2635 4453 6271